Lisl Gutwenger

Die Seherin von Marienfried

Wegen dieses einzigen Wortes «lebt» (innerhalb des Satzes: «Die Welt wurde meinem unbefleckten Herzen geweiht, aber die Weihe ist vielen zur furchtbaren Verantwortung geworden; ich verlange, dass die Welt die Weihe lebt») möchte ich Marienfried für echt halten, weil es den Finger auf das Entscheidende legt, was so gar nicht nach unserem derzeitigen Geschmack ist. Marienfried ist gegenüber dem er- und gelebten Christentum zu herabgesetzten Preisen die Mobilmachung zu Opfer und Kreuz.

Angesichts der erschreckenden Tatsache, dass es heute auch in der Kirche vorwiegend um den Menschen geht, dass selbst der Gottesdienst zum Menschendienst wird, ist Marienfried die Rückkehr zur Theozentrik.

Das unsagbar schöne und tiefe Preisgebet zum Dreifaltigen Gott sucht seinesgleichen in der Geschichte der Mystik.

Bischof Dr. Rudolf Graber

VIA·VERITAS·VITA

Bärbl Ruess

Lisl Gutwenger

Die Seherin von Marienfried

Sind Bärbls Leben und Botschaft glaubwürdig?

Vorwort von Altabt Thomas Niggl OSB

Kommentar von Bischof Dr. Rudolf Graber

CHRISTIANA-VERLAG
STEIN AM RHEIN

Dr. Lisl Gutwenger – Biographische Notizen
Kindheit in Innsbruck und Umgebung, Handelsschule in Innsbruck und Maturaschule in Wien, Studium der Philosophie und Germanistik an der Universität Wien, Privatlehrerin und Schriftstellerin, Mitarbeiterin bei Radio Neues Europa, Ingolstadt, und Radio Horeb, Balderschwang.

Werke:
Pater Severin von Lama – Zwischen Charisma und Dämonen (10. Tsd., 1982)
Pater Leopold Mandic – Der Heilige zwischen Ost und West, ein charismatischer Beichtvater (10. Tsd., 1983)
Maximilian Kolbe, der Heilige der Immaculata (3. Tsd., 1983)
Treibt Dämonen aus – Von Blumhardt bis Rodewyk, vom Wirken katholischer und evangelischer Exorzisten (7. Tsd., 1992)
Retter in der Not – Geschichten zur Erstkommunion (7. Tsd., 1991)
(Alle Christiana-Verlag, Stein am Rhein)

In Übereinstimmung mit den Dekreten von Papst Urban VIII. wird hiermit erklärt, dass den geschilderten Vorgängen kein übernatürlicher Charakter beizumessen ist, solange die oberste kirchliche Behörde darüber kein Urteil abgegeben hat.

Bildnachweis:
Josef A. Slominski, Ratingen: 25, 26, 51, 52, 77, 78, 103, 104, 129, 130,
Foto WETO, Albrecht Weber: Seiten 153, 154, 155, 161, 167
KNA-Pressebild Frankfurt, Seite 148
Alle übrigen: Fotoarchiv Christiana

2. Auflage 1999: 8.-10. Tsd.

CH-8260 STEIN AM RHEIN/SCHWEIZ

Satz und Layout: Christiana-Verlag
Druck: Bargezzi AG, Bern – Printed in Switzerland

Die Deutsche Bibliothek - CIP-Einheitsaufnahme

Gutwenger, Lisl: Die Seherin von Marienfried :
Sind Bärbls Leben und Botschaft glaubwürdig? /
Dr. Lisl Gutwenger.
- 2. Aufl. - Stein am Rhein : Christiana-Verl., 1999
ISBN 3-7171-1046-2

Inhaltsverzeichnis

Das Zweite Vatikanische Konzil über Privatoffenbarungen und Aufgabe der Laien

Solche Gnadengaben, ob sie nun von besonderer Leuchtkraft oder aber schlichter und allgemeiner verbreitet sind, müssen mit Dank und Trost angenommen werden, da sie den Nöten der Kirche besonders angepasst und nützlich sind. Ausserordentliche Gaben soll man aber nicht leichthin erstreben. Man darf auch nicht vermessentlich Früchte für die apostolische Tätigkeit von ihnen erwarten. Das Urteil über ihre Echtheit und ihren geordneten Gebrauch steht bei jenen, die in der Kirche die Leitung haben und denen es in besonderer Weise zukommt, den Geist nicht auszulöschen, sondern alles zu prüfen und das Gute zu behalten (vgl. 1 Thess 1,52 und 19-21).

Dogmatische Konstitution über die Kirche, Nr. 12

Entsprechend dem Wissen, der Zuständigkeit und hervorragenden Stellung, die sie (die Laien) einnehmen, haben sie die Möglichkeit, bisweilen auch die Pflicht, ihre Meinung in dem, was das Wohl der Kirche angeht, zu erklären. ... Die geweihten Hirten aber sollen die Würde und Verantwortung der Laien in der Kirche anerkennen und fördern. Sie sollen gern deren klugen Rat benutzen ... und ihnen Freiheit und Raum im Handeln lassen, ihnen auch Mut machen, aus eigener Initiative Werke in Angriff zu nehmen. Mit väterlicher Liebe sollen sie Vorhaben, Eingaben und Wünsche, die die Laien vorlegen, aufmerksam in Christus in Erwägung ziehen. ... Aus diesem vertrauten Umgang zwischen Laien und Hirten kann man viel Gutes für die Kirche erwarten.

Dogmatische Konstitution über die Kirche, Nr. 37

Vorwort

Von Altabt Dr. Thomas Niggl OSB

Wer dieses Buch der bewährten Autorin Lisl Gutwenger in die Hand nimmt, wird es nicht ohne großen geistigen Nutzen tun; er erfährt eine große Hilfe in der einem jeden aufgegebenen Pflicht, die Zeichen der Zeit zu erkennen. Wie in Fatima erklärt auch hier Unsere Liebe Frau die Zeichen der Zeit mit besonderer Eindringlichkeit.

Dreimal, jeweils am 25., erscheint Maria in Marienfried. Es ist ein Datum, das an das Weihnachtsgeheimnis der Menschwerdung erinnert – im Hinblick auf das Jahr 2000 von nicht zu übersehender Aktualität.

Bei der ersten Erscheinung spricht Maria, nachdem sie die Notwendigkeit eines unbegrenzten Vertrauens angesprochen hat: «Ich bin das Zeichen des lebendigen Gottes. Ich drücke mein Zeichen meinen Kindern auf die Stirn.» Es ist eine Kampfansage gegen den Widersacher, der die Kleinen und die Großen, die Reichen und die Armen, die Freien und die Sklaven zwingen wird, auf ihrer rechten Hand oder auf der Stirn ein Kennzeichen anzubringen, so dass niemand mehr kaufen und verkaufen kann, als wer das Zeichen des Tieres trägt, nämlich die Zahl eines Menschennamens: 666 (vgl. Offb 13,16 ff). Ist es nicht erschreckend, wie sich die Herrschaftszeichen des Tieres in unserer Gesellschaft ausbreiten: die Zahl 666 und der fünfzackige, satanische Stern. Das Zeichen Mariens aber wird unser Schutz sein gegen das Zeichen des Tieres gemäß ihrer Verheissung, dass ihr Zeichen den Stern besiegen wird.

Dann kommt Maria als die große Gnadenvermittlerin, sie, die von Ewigkeit her nicht anders gedacht worden ist, es sei denn als die zweite Eva und als Gehilfin des zweiten Adam, Jesus Christus. So hat sie im Auftrag ihres Sohnes miterlösend unter dem Kreuz gestanden. Sobald sie in ihrer Heilsstellung als Mittlerin, Fürsprecherin und schließlich als Miterlöserin feierlich von der Kirche anerkannt sein wird, wird sie ihre ganze Macht einsetzen können in dieser bedrängten Zeit, in welcher der Teufel nach aussen eine solche Macht bekommt, dass alle, die nicht fest in der Muttergottes gegründet sind, sich täuschen lassen. Ihr Unbeflecktes Herz wird unsere Zuflucht sein; das aber setzt voraus, dass wir uns ihrem Unbefleckten Herzen weihen; alles aber kommt darauf an, dass man diese Weihe «lebt». Dieses einzige Wort «lebt» hat den großen Theologen und Bischof Dr. Rudolf Graber so tief berührt, dass er allein um dieses Wortes willen, gleichsam einer Mobilmachung zu Opfer und Kreuz, Marienfried für echt halten möchte.

Hierauf zeigt Maria einen der Mystik wohlvertrauten Weg auf, der uns hilft, die Weihe zu leben: Es ist der Herzenstausch, vielleicht das heiligste, größte und mächtigste Gebet der Endzeit. Dieses Gebet besteht in der Ganzhingabe an Jesus Christus und an Maria, einer Vertiefung der Weihe an die vereinten Herzen Jesu und Mariä. «Setze, o wunderbare Mutter», so lautet das Gebet, «an die Stelle meines sündigen Herzens Dein Unbeflecktes Herz, damit der Heilige Geist in mir wirken und Dein göttlicher Sohn in mir wachsen kann. Erfülle meine Bitte, Du große, Du getreue, Du aller Gnaden Vermittlerin. Amen.»

Der Herzenstausch mit Jesus aber soll unser Herz wandeln und fähig machen, den Willen Gottes zu erkennen und anzunehmen, auf dass Christus in uns und über die Welt als Friedenskönig herrschen kann. Und nun das Gebet:

«Setze, o guter Jesus, an die Stelle meines sündigen Herzens Dein göttliches, verwundetes Herz, damit der Heilige Geist in mir wirken kann und Du, barmherziger Jesus, in mir wachsen kannst. Erfülle meine Bitte, Du guter, Du getreuer und liebender Jesus, damit Du bald als Friedenskönig über diese Welt herrschen kannst. Amen.»

Durch diesen Herzenstausch wird die Liebe des Vaters Christus neu in uns zur Vollendung bringen. Bischof Graber sagt vom Herzenstausch: «Das Denken, Fühlen, Handeln und Leiden Mariens soll so sehr in uns Eingang finden, dass wir befähigt werden, Christus in uns zur Vollendung zu bringen.» Es sind Geheimnisse, «die uns eigentlich erst zeigen, was Christentum in Wirklichkeit ist».

Bei der dritten Erscheinung spricht Maria davon, dass sie sich mit ihrem Kinde zurückziehen muss. Sie muss in die Wüste fliehen (Offb 12,14). Dies geschieht dadurch, dass man ihre Privilegien: ihre immerwährende Jungfräulichkeit, ihre Gottesmutterschaft und Unbefleckte Empfängnis, leugnet und ihre Heilsstellung: Gnadenvermittlerin, Fürsprecherin und Miterlöserin, nicht anerkennen will, Vorzüge, die ihr die Heiligste Dreifaltigkeit von Ewigkeit her zugedacht hat.

Die Muttergottes wiederholt auf deutschem Boden, was sie den Kindern von Fatima gesagt hat: «Betet den Rosenkranz! Betet und opfert durch mich! Haltet den mir geweihten Samstag!», den sie durch die Seherin Lucia in Pontevedra verlangt hat. «Bringt viele Opfer! Macht euer Gebet zum Opfer! Seid uneigennützig! Es geht darum, dass dem Ewigen Ehre und Sühne wird. Ein schreckliches Wehe aber kündigt der Vater denen an, die sich seinem Willen nicht unterwerfen wollen.»

«Wählt mein Zeichen», so fährt sie fort, «damit dem Dreieinigen bald die gebührende Ehre zuteil wird» ... «damit er bald von allen angebetet und geehrt wird!» Wer denkt dabei nicht an das Jahr 2000, das der Heiligsten Dreifaltigkeit geweiht ist.

Je mehr man sich beim Lesen dieses fundierten Buches in die Botschaft von Marienfried vertieft, desto mehr spürt man die Zielsetzung der Botschaft: Es geht im «Dreifaltigkeits-Hymnus» um die Ver-HERR-lichung unseres Dreifaltigen Gottes, welche im Preisgesang der Engel, «der von unvergleichlicher Schönheit und sprachlich-theologischer Tiefe ist» (Graber), einen solch überwältigenden Ausdruck gefunden hat, dass dieser allein schon für die Echtheit der Erscheinung der Muttergottes in Marienfried spricht.

Für die Echtheit der Erscheinung spricht aber auch das Leben der Seherin Bärbl († 4. November 1996), das so eindrucksvoll und einfühlsam gezeichnet ist, ebenso wie der lautere Charakter von Pfarrer Martin Humpf († 13. Oktober 1996) und seiner noch lebenden Schwester Anna Humpf.

Im Leben der Bärbl ist geradezu erschütternd der Bericht über ihre Entführung durch Satanisten und die damit verbundene Schändung konsekrierter Hostien, wie es in den Schwarzen Messen, die sich wie ein Krebsgeschwür ausbreiten, üblich geworden ist. Vielleicht darf hier erwähnt werden, dass der Herr, um solche Hostienfrevel zu sühnen, durch seine Dienerin Barbara Weigand (1845-1943) den Eucharistischen Liebesbund gewollt hat: Der Himmel soll bestürmt werden, dass die Kirche wieder aufblühe und wieder auf den Leuchter gestellt werde, von wo aus alle Völker der Erde sie sehen können. Dann sagt der Herr etwas sehr Tröstliches: «Wenn in den Familien, die vom rechten Weg abgekommen sind, nur noch ein Glied sich befindet, das ausharrt in all den Leiden und Prüfungen, die über sie hereinkommen, wenn es trotzdem, obwohl alle übrigen Glieder der Familie vom rechten Weg abgewichen sind, mir treu bleibt und alles über sich ergehen lässt, so sollen durch diese eine Seele alle übrigen Glieder gerettet werden. Darum will ich, dass in jeder Familie wenigstens eine Seele wirkt, durch die die übrigen gerettet werden.»

Mit gutem Gewissen darf und kann man auf Bärbl Ruess die Worte anwenden, die Bischof Bomers von Haarlem-Amsterdam bei der Begräbnisfeierlichkeit der Seherin Ida Peerdeman († 17. Juni 1996) von Amsterdam gesprochen hat:

«Ich glaube, dass Ida bei all den Erlebnissen, die sie hatte, niemals so etwas wie eine Scheinheilige geworden ist. Sie war durch und durch nüchtern bis zum letzten Tag und sie hatte einen sehr großen Abscheu vor einer Verherrlichung ihrer eigenen Person. Beides sind sehr gute und positive Zeichen. ... Was für mich auch ohne Zweifel feststeht, ist: Sie war absolut ehrlich, und sie sagte die Wahrheit über das, was sie erlebt hatte. Ihr ganzes Leben war auf die Verehrung der Frau aller Völker (in unserem Fall: auf Maria als die Vermittlerin aller Gnaden) ausgerichtet. Ich denke, dass diese Verehrung in unserer Zeit sehr von Nutzen ist.»

So Bischof Bomers, der in einem Schreiben, bezugnehmend auf die Botschaft von Amsterdam, darauf hinwies, dass jeder Gläubige sich, entsprechend seinem

Gewissen, ein Urteil über die Übernatürlichkeit der Botschaften bilden darf.

Was das Verhältnis von Amt und Charisma betrifft, so sieht es Hans Urs von Balthasar verkörpert in den Aposteln Petrus und Johannes. Durch die Auslegung der Johannesperikope: 20,1-9, hat er Wichtiges zum gegenseitigen Verständnis beigetragen, wenn er schreibt:

«Die Schau des Johannes kann von einem Nicht-Liebenden gar nicht gesehen und beurteilt werden; daher braucht es eine andere, amtliche Sichtweise. Das Amt soll und kann auch solche erreichen, die nur nachfolgend zum Besitz der Liebe gelangen. Die Prüfung durch das Amt muss unabhängig vom Charisma erfolgen, um der Entfernten, der Nichtglaubenden willen. Für die Liebe wäre die Prüfung nicht notwendig. Während der Prüfung hört weder Johannes auf, in der Kirche, noch Petrus, in Gott zu sein. Gott ist frei und nicht verpflichtet, mit der Offenbarung seiner Liebe zu warten, bis die Kirche entschieden hat.

Darum ist die Liebe des Johannes während der Zeit der Prüfung nicht verpflichtet, das Leben der Liebe zu unterbrechen. Er steht ja mit seiner Liebe innerhalb der Kirche und er steht so sehr in ihr, dass er auch, wenn der Bescheid irrtümlicherweise ablehnend wäre, sich nicht von der Kirche trennen würde. Er müsste sich dem Bescheid beugen und dabei doch die Öffnung zu Gott nicht aufgeben. So eingeengt müsste er immer wieder neu versuchen, von der Kirche die Erlaubnis zu erwirken, den von Gott befohlenen Weg gehen zu dürfen, und unterdessen der Kirche in allem gehorchen, was zu ihrer Befugnis gehört. Wenn sich das Amt Gott unterwirft, ist es ein Werk der Liebe; in der Kirche das Persönliche um der

Allgemeinheit willen zurückzustellen, ist gleichfalls ein Werk der Liebe. Stehen beide gegeneinander, so verwaltet Gott die Fruchtbarkeit der Liebe, die scheinbar nutzlos geworden ist, für den Einzelnen, der nicht mehr handeln kann, und für die Kirche, deren Missgriff ja nie eine Verdammnis für die Gläubigen bedeutet. Aus dieser Liebe wird die irdische Kirche in ihrem himmlischen Kern Vorteil ziehen» (aus Adrienne von Speyr/Hans Urs von Balthasar, Johannes – IV. Band, Geburt der Kirche, Johannes-Verlag, Einsiedeln 1949, Seite 205f). Im gleichen Kapitel auf Seite 209 schreibt der Basler Theologe:

«Der Heilige Geist steht Petrus und der Kirche als der Braut Christi zur Verfügung, aber so, dass er von ihr immer auch angerufen werden muss. Die Braut Christi ist in ihrer Beziehung zum Geist immer auch die Bittende. Dass sie das Attribut der Unfehlbarkeit besitzt, enthebt sie nicht der Pflicht des Gebetes um den Geist. Was schon ist, muss gleichsam auch dauernd werden.»

Was jetzt not tut, ist das Gebet. Rufen wir den Heiligen Geist an durch die mächtige Fürsprache des Unbefleckten Herzens Mariens, seiner so geliebten Braut, dass die Kirche als Braut Christi die Öffnung auf Gott hin vollzieht, das heisst in unserem Fall, Marienfried als Erscheinungsort anerkennt und die zumal für unser Volk bereit gestellten Gnaden wirksam werden lässt, dass Deutschland wieder werde, wie es auf dem Antipendium des Hochaltars der Wallfahrtskirche in Marienfried heisst: «Germania Sancta Mariana – ein heiliges und marianisches Reich».

Altabt Dr. Thomas Niggl OSB

Bärbls Kindheit und Jugend

Älteste von sechs Kindern

Bärbl Ruess, die Älteste von sechs Kindern, wurde am 15. Juni 1924 in Pfaffenhofen, zwanzig Kilometer südöstlich von Ulm, im sogenannten kalten Ulmer Winkel, geboren. Im Haus, im Garten, aber auch im Wald, der zum Anwesen der Eltern gehörte, staunte das Kind über die vielen Wunder der Schöpfung. Gerne beobachtete Bärbl Erwachsene bei der Arbeit, um alles Geschaute und Gehörte in sich zu bewahren.

Sie wuchs als stilles, doch eigenwilliges Kind heran, das gerne mit den kleineren Geschwistern spielte, wenig fragte, aber viel nachdachte. Bereits in frühen Jahren hörte Bärbl bei Gesprächen der Erwachsenen die Untertöne heraus, die Verstehen oder Nichtverständnis verrieten. Wann immer sie darüber grübelte, fühlte sie sich verloren in einer unbegreiflichen Welt.

Bärbls Vater, der Sägewerkbesitzer Hans Ruess, war ein erfolgreicher Geschäftsmann, der immer als Erster in den Betrieb kam und ihn als Letzter verließ. Abends traf er sich oft mit Kunden, deren Kaufkraft er richtig einschätzte.

Weil er bei seinen geschäftlichen Gesprächen mit den Kunden gut umgehen konnte, glaubte er, jeden Menschen richtig beurteilen zu können. Sonn- und feiertags besuchte er die Heilige Messe, nachher beeindruckte er mit seiner Redegewandtheit seine Freunde in der Männerrunde am Stammtisch. Die Kindererziehung überließ er seiner Frau Helene, geborene Köhl. An ihrer Mutter hing Bärbl sehr.

In der Schule begeisterte sich Bärbl für das Rechnen. Was man mit Zahlen alles machen konnte! Eine Mitschülerin erinnert sich, dass sie mit Sprachen mehr Mühe hatte.

Frau Ruess erzog ihre Kinder in Liebe, doch drei Eigenschaften stellte sie über alle anderen: Sparsamkeit, Freigebigkeit und Selbstbeherrschung.

Bekamen die Kinder von Verwandten oder Freunden der Familie Geld, Obst oder Süßigkeiten geschenkt, so brachten sie diese sofort der Mutter, die sie gerecht verteilte oder sie für festliche Anlässe aufbewahrte. Bärbl klagte später, dass diese Art der Erziehung die Selbständigkeit in mancher Hinsicht behindert habe.

Jedenfalls bemühte sich die Mutter, den Kindern ein Vorbild zu sein, doch auch den Leuten des Dorfes. In uneigennütziger Weise kümmerte sie sich um die Arbeiter der Firma ihres Mannes; keinem von ihnen sollte Unrecht geschehen. Erkrankte einer oder erlitt er einen Unfall, war ihm ihre Hilfe sicher. Zudem war sie fähig, sich ein treffsicheres Urteil über Menschen und Weltanschauungen zu bilden. Von Anfang an erkannte sie die abgrundtiefe Kluft zwischen Christentum und Nationalsozialismus, und sie warnte die Leute vor den Volksverführern. Je beliebter sie bei den Leuten wurde, die sich an ihr ein Vorbild nahmen

---

Familie Köhl feiert die Goldene Hochzeit von Bärbls Großeltern: Oberste Reihe, v. l. n. r.: Der Vater von Bärbl, Hans Ruess und seine Gattin Helene, geborene Köhl. 2. Reihe: 6. und 7. Personen in der Mitte: Die Großeltern von Bärbl, die Großmutter und der ordensübersäte Großvater, der General im Ersten Weltkrieg war. Rechts neben dem Großvater Bärbls Onkel, Hermann Köhl, der als erster Flieger den Atlantik von Irland nach Amerika überquerte. 3. Reihe: In der Mitte vor der Großmutter Bärbl mit Erstkommunionkranz.

und gerne ihre Meinung hörten, umso verhasster wurde sie den Nationalsozialisten.

Beeindruckt war Bärbl von ihrem Onkel Hermann Köhl, einem Bruder der Mutter. Er war in ganz Europa bekannt und wurde auch im Ort als Held verehrt, denn er hatte den Erstflug in westlicher Richtung, von Irland nach Amerika, ohne Zwischenlandung gewagt. Dieser Flug fand nach Lindberghs Atlantiküberquerung von Amerika nach Paris statt. Zu solchem Unternehmen gehörte tollkühner Mut. Hermann Köhls Flugzeug geriet in ein schweres Gewitter; er und seine beiden Gefährten fürchteten einen Absturz. In ihrer Not flehten sie Gott um Hilfe an. Sie erreichten heil ihr Ziel.

Auch Hitler wurde auf Hermann Köhl aufmerksam und versuchte, ihn als Paradepferd für seine NSDAP zu gewinnen. Bärbls Onkel war sich zu schade, für die Nazis zu renommieren; vielmehr setzte er seine Kraft für eine Missionsgesellschaft ein. Er organisierte Ausstellungen der Weltmission und verwendete dabei technische Mittel, was damals noch unbekannt war.

Durch solche Vorbilder angeregt, widerstand Bärbl früh dem Einfluss des Nationalsozialismus. In Bärbls Klasse traten die meisten ihrer Mitschülerinnen, begeistert von Marschmusik und Uniformen, der «Hitlerjugend», dem Bund deutscher Mädel (BDM) bei; nur Bärbl und einige Kameradinnen machten nicht mit. Deswegen mussten sie Gelächter und Spott ertragen.

Die Erstkommunion

Was allerdings die religiöse Erziehung ihrer Ältesten betraf, bemühte sich Frau Ruess vergeblich, denn Bärbl schien sich für Religion nicht besonders zu interessieren.

Großfamilie Ruess: In der Mitte, hinter den Großeltern (sitzend) Helene und Hans Ruess-Köhl, die Eltern von Bärbl. Mittlere Reihe, rechts aussen, Bärbls Onkel, Hermann Köhl. Links neben ihm Bärbl.

Ganz dürfte dies nicht stimmen. Wahrscheinlich wollte das Kind im Religiösen seine eigenen Entscheidungen treffen. Obwohl Bärbl behauptet hat, die Erstkommunion sei klanglos vorübergegangen, so widersprach doch ihre Erwartungsfreude dem Gesagten. Die Feier des Tages war nicht so, wie sie gehofft hatte. Nach der Kommunion blieb keine Zeit, um sich in aller Stille mit dem Heiland zu unterhalten, denn sogleich wurde mit lauten Gebeten fortgesetzt. Das störte Bärbl. Etwas Neues, die Liebe zu Jesus, brannte bereits in ihrem Herzen, das verrät ihre Enttäuschung. Die Zeit stand doch still, warum begriff man denn nicht, dass Jesus selbst in der Gestalt des Brotes zu ihnen gekommen war?

Zu Hause führte man Bärbl sogleich an den Gabentisch: Sie hingegen hätte sich gewünscht, allein zu sein, um mit Jesus zu sprechen. Die tiefe Sehnsucht ihres Lebens, das Verlangen nach Gott, war bereits fühlbar geworden. Sie war traurig, weil nur alle drei Monate Kinderkommunion gefeiert wurde. Nicht einer, auch die Mutter nicht, kamen sonntags auf die Idee, sie zum Tisch des Herrn zu führen. Hätte sie doch wenigstens den Heiland, eingeschlossen im Tabernakel, besuchen dürfen. Dürfen? Wer hinderte sie daran? Die Mutter gewiss nicht. War es der Spott der Leute, den sie fürchtete? Dann aber hätte sie sich in der Schule anders verhalten, als sie als eine der wenigen sich weigerte, einer nationalsozialistischen Jugendgruppe beizutreten.

Kein Mensch in ihrer Umgebung erfasste das Wunder des Glaubens wie sie: Gott selbst gab sich den Menschen zur Speise; der Schöpfer, der alles aus Nichts erschaffen hatte. Jedes Missverständnis im Glauben schmerzte sie tief. Gott, der Unfassbare, war ihr nahe.

Helene Ruess-Köhl, Bärbls Mutter, 1938 †

Ein schlimmes Jahr

1938 erlebte Bärbl als das schlimmste Jahr ihrer Jugend. Sie fühlte sich von religiösen Schwierigkeiten bedrängt: Je mehr sie Gott liebte, desto stärker erkannte sie ihre eigene Unzulänglichkeit. Auch in ihrer Umgebung änderte sich vieles. Ihre Mutter, bei den Nazis im Ort immer verhasster, musste eines Abends bei einbrechender Dunkelheit wichtige Besorgungen ausserhalb des Ortes machen. Auf einem einsamen Feldweg hörte sie plötzlich einen Pfiff und Hundegebell. Sie erschrak heftig; als sie sich umdrehte, sah sie eine Schar Hunde, die auf sie zustürmte. Sie war schwanger, das Laufen fiel ihr schwer. Sie eilte, so gut sie es vermochte, durch das Dunkel, stolperte, blieb atemlos stehen. Die Hunde waren verschwunden. Schon atmete sie auf. Dann ein neuerlicher Pfiff. Wieder folgte ihr die bellende Meute, diesmal sprangen sie an ihr hoch; sie fürchtete, dass sie über sie herfallen würden. Sie hastete weiter, ohne sich ein einziges Mal umzudrehen. Sie hetzte durch das feindliche Dunkel. Längst hatte das wütende Gekläff aufgehört, doch sie lief noch immer. Endlich erreichte sie das Dorf. Geschwächt vom Laufen, ausser Atem durch die ausgestandene Angst, schleppte sie sich durch die Dorfstraße. Sie hätte bei befreundeten Leuten sicher Zuflucht gefunden, doch ihre Angst trieb sie weiter. Vor jedem Hund, der jetzt über die Straße lief, fürchtete sie sich. Endlich war sie zu Hause. Der Schock hatte ihr arg zugesetzt. Als die Kinder sie fragten, was geschehen sei, berichtete sie keuchend, was sie erlebt hatte.

«Mama, kann ich dir helfen?» fragte Bärbl. «Nein, das kannst du nicht.» «Du bist hoffentlich nicht gefallen?»

Bärbl Ruess im Kreis ihrer beiden Brüder und einer Schwester. Die beiden Zwillingsschwestern fehlen auf diesem Bild.

«Nein, das nicht.» «Geh nie wieder bei Dunkelheit aus», bat Bärbl. Das hatte sich die Mutter selbst vorgenommen. Von nun an blieb sie jeden Abend zu Hause. Sie fühlte sich schwach. Mit welcher Kraft hatte sie doch während der früheren Schwangerschaften gearbeitet. Jetzt legte sie sich öfter am Tag nieder.

Der Mutter oblag auch die Sorge für ihre alten Eltern, die sie mit dem Auto da und dorthin bringen musste. Um das Maß voll zu machen, erkrankte sie noch an einer schweren Angina. Wochen später gebar sie Zwillinge. Die Verfolgungsjagd, vermutlich durch einen Nazi-Schergen und die schwere Erkältung waren wohl der Grund, dass sie kurz nach der Geburt an Kindbettfieber starb.

Sechs Kinder verloren ihre Mutter. Am ärgsten traf es die 14jährige Bärbl.

Wie sollte sie ohne ihre Mutter, die sie so geliebt hatte, weiterleben? Wie sollte überhaupt alles weitergehen? An Bärbl, die Älteste, wandten sich nun die kleineren Geschwister mit ihren Sorgen. Und die Zwillinge! Wieviel Liebe sie brauchten. Bärbl fiel jetzt unerwartet die Mutterrolle zu: Sie dachte mehr an andere als an sich selbst. Ein Leben lang spürte sie schwache Menschen auf, die sie brauchten.

Sie versuchte, sich mit ihrer Lage abzufinden, da traf sie der nächste Schlag.

Ihr Vater, zu dem sie in letzter Zeit eine größere Zuneigung gewonnen hatte, heiratete eine viel jüngere Frau. Zu kurze Zeit hatte er nach Bärbls Ansicht um die Mutter getrauert. Aus seiner Sicht war es wohl das beste, was

---

Bild der dreimal Wunderbaren Mutter am Traubenkirschenbaum. Zentrum und Anfang von Marienfried.

er tun konnte. Doch Bärbl empfand es wie einen Verrat an ihrer Mutter. Hinzu kam, dass die Stiefmutter sich in alles einmischte, doch nichts mit jener Liebe tat, die man von einer Mutter erwartete. Sie war manchmal lieblos und ging Bärbl oft auf die Nerven. Auch missverstand sie Bärbl vollkommen; sie waren einander wesensfremd. Jetzt hatte sie alles verloren; ihre Mutter war tot und der Vater wurde ihr wesensfremd. Wo war ihr Zuhause?

Während vier Jahren besuchte Bärbl in Günzburg das Internat der Englischen Fräulein (Maria-Ward-Schwestern); die Wochenenden verbrachte sie zu Hause.

Bei den Mitschülerinnen im Internat war Bärbl sehr beliebt und wurde oft ins Vertrauen gezogen. Einer Mitschülerin fiel auf, dass Bärbl sich scheute, Theater zu spielen oder Gedichte zu deklamieren. In ihrer zurückhaltenden Art vermied sie jedes öffentliche Aufsehen.

Öfter denn je redete sie mit Gott, der ihre Zuflucht war. Der Erkenntnis ihrer eigenen Sündhaftigkeit stand die unermessliche Größe Gottes gegenüber. Sie war wortkarger als früher, redete kaum mit ihren Mitschülerinnen. Sie grübelte über religiöse Fragen nach. Was nützte es ihr, dass sie ihre Fehler erkannte. Aus eigener Kraft konnte sie diese nicht ablegen. Dies schmerzte sie tief. Religiöse Auseinandersetzungen, welcher Art auch immer, vollziehen sich in der Jugend oft in unerbittlicher Schärfe, dies erfuhr Bärbl mit großer Deutlichkeit.

Das Urheiligtum, die Marienfriedkapelle. Links die angebaute Sakristei, welche am 18. Mai 1997 eingeweiht wurde.

Ihre Weihe an Maria

In ihrer Not kam ihr ein Priester im Internat zu Hilfe, der seine Schülerinnen belehrte: Durch die Hilfe Marias vermögen wir alles.

Begeistert sprach er von der Totalhingabe an die Gottesmutter. Bärbl war davon beeindruckt.

Noch schob sie den Tag ihrer Weihe an Maria hinaus. Dann aber übergab sie sich selbst, ihre Liebe zu den kleinen Geschwistern, ihre Sehnsucht nach der verstorbenen Mutter, ihr Unvermögen, Vater und Stiefmutter zu begreifen, ihre Schroffheit, aber auch alles, was sie in ihrem Leben zukünftig an Glück und Leid erfahren sollte, auch alle Gnaden, der Gottesmutter.

Am 8. Dezember 1938 legte Bärbl ihre vollkommene Hingabe an Maria nach dem hl. Maria Grignion de Montfort schriftlich nieder. Zehn Jahre später nannte Bärbl diesen Tag bedeutender für ihr Leben als die erste Erscheinung der Gottesmutter. Mit freier Entscheidung hatte Bärbl diesen Entschluss gefasst. Bald darauf fühlte sie sich wie verwandelt. Erst jetzt gelang es ihr, Freundschaften zu schließen, ja, sie arbeitete sogar in einer Jugendgruppe mit. Warum hatte sie sich ihr bisheriges Leben so schwer gemacht?

Anfang März 1946 erschien ihr ein Engel, der sie bat, für den «Engelgleichen Hirten» zu beten. In vier Tagen sei sein Jubeltag. Bärbl wusste nicht, wer damit gemeint sei. Erst viel später sollte sie erfahren, dass Papst Pius XII. in den Papstweissagungen des Malachias der «Pastor angelicus – der engelgleiche Hirte» genannt wird. Am 12. März 1938 war sein Krönungstag. Ob der Engel sie schon früher besucht hatte, ist nicht bekannt.

Bärbl Ruess vor dem Institut der Englischen Fräulein (Maria Ward-Schwestern) in Günzburg

Begegnung mit der fremden Frau

Am Pfingstsonntag 1940 verlor Bärbl auf einem Waldspaziergang ihren Rosenkranz, den sie am Pfingstmontag, am 13. Mai, einem Fatimatag, wiederfand. Sie überlegte gerade, welchen Rosenkranz sie beten sollte: den freudenreichen, den schmerzhaften, oder den glorreichen. Bevor sie noch einen Entschluss fassen konnte, gesellte sich eine Frau zu ihr.

«Du überlegst, welchen Rosenkranz du beten sollst.» Überrascht, dass die fremde Frau ihre Gedanken erraten hatte, fragte sie:

«Wer sind Sie denn? Woher kommen Sie?»

«Bete fleissig den Rosenkranz», sagte die Frau, «dann lernst du mich kennen. Ich will dich einen anderen Rosenkranz lehren und ihn mit dir beten.»

Sie schritten nebeneinander den Waldweg entlang, es war ein strahlender Tag. Tiefblau war der Himmel, der Wald duftete. «Bete den Immaculata-Rosenkranz», sagte die Frau. «Er ist sehr einfach. Ersetze die vertrauten Geheimnisse des freudenreichen, schmerzhaften und glorreichen Rosenkranzes durch folgende Anrufungen: ‹Durch deine Unbefleckte Empfängnis rette, schütze, leite, heilige und regiere unser Vaterland.›» Gekleidet war die Frau wie die einheimischen Frauen.

Ungewöhnlich war die Reinheit und der innere Adel ihres Gesichtsausdrucks, den Bärbl bisher nie an einem Menschen gesehen hatte. Es war ihr, als hätte sie diese Frau ein Leben lang gekannt. Gemeinsam beteten sie den Immaculata-Rosenkranz. Bärbl wunderte sich, dass die Frau nur das «Vaterunser», das «Ehre sei dem Vater» und das «Amen» mitbetete, sonst aber schwieg. Nach dem ge-

Bärbl Ruess, obere Reihe, dritte von links im Mädcheninstitut der Englischen Fräulein in Günzburg.

meinsamen Rosenkranzgebet entfernte sich die Frau mit den Worten: «Du wirst mich wieder einmal treffen.»

Von dieser Zeit an betete Bärbl auch den Immaculata-Rosenkranz. Als sie nach Pfingsten ins Internat zurückkehrte, fragte sie in ihrer unbefangenen Art die Präfektin, Mater Constantia, ob ihr der Immaculata-Rosenkranz bekannt sei. «Davon habe ich noch nie etwas gehört», bekannte die Präfektin. Sie war der erste Mensch, dem Bärbl ihre Erlebnisse mit der Frau berichtete. Bärbl war in ihrem Leben oft enttäuscht worden, deshalb hatte sie sich nur schwer einem Menschen eröffnen können.

Ein Engel bereitet Bärbl vor

In der Folgezeit erschien ihr öfters ein Engel, der mit ihr, meist in der Früh, aber auch des Nachts den Immaculata-Rosenkranz betete. Er vervollständigte den Rosenkranz, indem er die Gottesmutter mit den Worten anrief: «Du große, Du getreue, Du aller Gnaden Vermittlerin.»

In der Fastenzeit des Jahres 1942 überfiel Bärbl des Nachts eine beklemmende Angst. Erst als sich ihr Zustand verschlimmerte, als sie sich wie zermalmt fühlte von einer Sündenlast, die sie jedoch nicht begangen hatte, wurde ihr klar, dass sie nicht für eigene Sünden litt, sondern für die Vergehen anderer. Das Reuegefühl in ihr war übermächtig stark; so sehr konnten nur die Armen Seelen wegen ihrer auf Erden begangenen Sünden leiden. Als sie für sie betete, standen Arme Seelen vor ihr.

Sie hatte viele seltsame Erlebnisse. Blitzte des Nachts ein Licht auf, so wusste sie, dass ein Bewohner Pfaffenhofens im Sterben lag. Fast jedes Mal, wenn zu jener Zeit in Pfaffenhofen jemand verschied, sah sie ein Licht aufleuchten. Bärbl vermochte jetzt Priester von Laien, Ka-

Bärbl absolvierte ihren obligatorischen Reichsarbeitsdienst 1943 als Straßenbahnschaffnerin in München. Am Ärmel bemerkt man das verhasste Hakenkreuz (Foto aus ihrem Arbeitsausweis).

tholiken von Protestanten zu unterscheiden. Nach der Kommunion wusste sie, ob Todsünder in der Kirche waren. Vor ihnen empfand sie heftigen Abscheu und Widerwillen. Hingegen verspürte sie für Kirchenbesucher, die im Stand der Gnade lebten, innige Zuneigung.

1943 übernahm der 36-jährige Pfarrer Martin Humpf die Pfarrei Pfaffenhofen an der Roth. Seine Schwester Anna Humpf, vier Jahre älter als Bärbl, umsorgte ihren Bruder. Sie war religiös veranlagt und versuchte, im Stillen für Gott und die Kirche zu arbeiten. Auch anderen riet sie, diesen Weg zu gehen. Mit ganzem Herzen war sie Schönstätterin.

Pater Kentenich und die Schönstattbewegung

Pater Kentenich, der Gründer der Schönstattbewegung, war ein begnadeter Priester und Erzieher. Mit seinen sprachlichen Neuschöpfungen wie «Stell dem lieben Gott einen Blankoscheck aus», oder «Bring der lieben Gottesmutter täglich Beiträge zu ihrem Gnadenkapital», womit er die Ganzhingabe an Gott oder Maria meinte, begeisterte er viele Gläubige. Deshalb gelangen ihm auch Gründungen, die er geplant hatte: die Marianische Kongregation für Gymnasiasten, die Gründung des Apostolischen Bundes, die Apostolische Liga, sogar eine Wallfahrtsbewegung und die Gründung einer Reihe von Säkularinstituten. Trotz äusserster Schwierigkeiten gründete er auch noch die Internationale Schönstattbewegung.

Am 20. September 1941 verhaftete ihn die Geheime Staatspolizei (GESTAPO) von Koblenz, die ihn sogleich vier Wochen in Dunkelhaft sperrte. Sechs Monate später brachte man ihn ins Lager Dachau, wo er bis zum Kriegsende als KZ-Häftling ausharren musste. Dass er diese Zeit mit nur einem Lungenflügel überstand, spricht für seinen Mut, seine unvorstellbare Ausdauer und Begeisterungsfähigkeit. Auch im KZ konnte er Gott dienen. Er hatte seinen «Blankoscheck» schon lange ausgestellt.

Nach Kriegsende wurde er in alle Teile der Welt eingeladen. Er bereiste Nord- und Südamerika sowie auch Afrika.

Bald geriet er mit seiner Schönstatt-Bewegung in Auseinandersetzung mit der Kirche. 1951 kam es zu einer kirchlichen Visitation. Man konnte ihm nichts vorwerfen, trotzdem wurde er nach Milwaukee, USA, verbannt. Dort blieb er 14 Jahre. Seinem Grundsatz, keinen Finger für seine Rückkehr nach Europa zu rühren, blieb er treu. Da, auf einmal zum Konzilsende, traf ein Telegramm ein, das ihn nach Rom berief. Dort angekommen, war die Überraschung groß. Niemand wusste, wer das Telegramm aufgegeben hatte. Eine nochmalige Untersuchung seines Falles führte zu seiner völligen Rehabilitation. Er durfte nach Schönstatt zurückkehren, wo er seine frühere Tätigkeit fortsetzte. Noch hatte er drei Jahre zu leben, die mit viel Arbeit ausgefüllt waren.

Als er am 15. September 1968 zum ersten Mal in der neu erbauten Anbetungskirche in Vallendar die Eucharistie feierte, starb er anschließend in der Sakristei. Dort wurde er auch beigesetzt.

Pater Kentenich begeisterte viele Gläubige mit seinem Vorsehungsglauben, aber er distanzierte sich von allem Aussergewöhnlichen wie Erscheinungen und Botschaften. Nun hatte Bärbl 1945/46 eifrig in der Schönstatt-Mädchengruppe von Anna Humpf mitgearbeitet. Bärbl fühlte sich durch die Äusserungen von Pater Kentenich zurückgewiesen. Anna Humpf, die Pater Kentenich in

Milwaukee besucht hat, sprach mit ihm eingehend über Marienfried.

Pater Kentenich äusserte sich: «Es wäre mir lieber gewesen, wenn es nicht zu solchen Ereignissen gekommen wäre. Trotzdem kann ich dem lieben Gott keine Vorschriften machen. Wenn diese Erscheinung passiert ist, so ist das auch für uns ein Denkanstoß und wir können uns fragen, was Gott uns damit sagen will. Trotzdem bin ich froh, dass dies keiner Marienschwester passiert ist.» Erst 1967, als Bärbl Pater Kentenichs Vortrag anlässlich des 25. Jubiläumstages des Familienwerks gehört hatte, sagte sie: «Was Pater Kentenich gesagt hat, ist auch meine Welt, in der ich die ganzen Jahre lebe.»

Pfarrer Martin Humpf und Bärbl

Pfarrer Martin Humpf, geboren 1907 in Zipplingen, wollte ursprünglich Maurer werden, doch sein Vater begeisterte ihn für den Priesterberuf, so dass er seine Berufung erkannte und Priester wurde. Als 36jähriger übernahm er 1943 die Pfarrei Pfaffenhofen, wo er bis zu seinem Tode im Jahre 1996 als treuer Diener Christi wirken sollte.

Bärbl, 1943 vom Reichsarbeitsdienst zurückgekehrt, fiel dem Pfarrer bei Gottesdiensten wegen ihrer verinnerlichten Haltung auf. Ihr Gesichtsausdruck war von einer Ganzhingabe an das Geheimnis geprägt. Wenn sie betete, war sie in eine andere Wirklichkeit versunken. Nach dem Kommunionempfang bis zum Schluss der Messe schien für sie die Aussenwelt nicht mehr zu existieren. Eines Tages betrat sie nach der Heiligen Messe die Sakristei und bat den Pfarrer, ihr seine Hände zu zeigen. Aufmerksam betrachtete sie diese.

Die drei Zeugen: Bärbl (rechts), Anna Humpf (links), mit Pfarrer Martin Humpf.

«Haben Sie Ihre Finger denn nicht verbrannt?» – «Wie kommen Sie zu dieser Frage?» – «Herr Pfarrer», sagte Bärbl, «Ihre Hände waren während der heiligen Wandlung ganz in Feuer gehüllt.» Zweimal bat Bärbl den Pfarrer, Hostienpartikel aufzuheben, die vor dem Kommuniongitter lagen. Pfarrer Humpf hatte die zu Boden gefallenen Hostienpartikel nicht bemerkt. «Wie hast du sie entdecken können?», fragte er Bärbl. Bärbl antwortete: «Sie leuchten doch.»

Dem Tode nahe

Bärbl vertraute sich nach einigen Jahren Herrn Pfarrer Humpf an. Sie hatte sonst keinen Menschen, mit dem sie über das sprechen konnte, was sie bewegte. Fein säuberlich schrieb Pfarrer Humpf Bärbls Berichte nieder, die ihr Sühneleiden betrafen. Heute sind Sühne und Opfer beinahe in Vergessenheit geraten, wo sie aber erwähnt werden, werden sie als selbstquälerisch abgetan. Dies ist ein großes Missverständnis. Das christliche Opfer, den Glauben an Christus voraussetzend, ist eine Liebestat. Weil Christus die Menschheit durch seinen Opfertod am Kreuz erlöst hat, hat er uns Menschen zu seinen Brüdern und Schwestern erhoben; uns, die Abbilder Gottes, lädt er uns durch die Teilnahme an seinem Opfer zu einer innigen Gemeinschaft mit ihm ein.

Ein eindrucksvolles Sühneleiden ereignete sich 1944 an Bärbl. Der Engel hatte sie aufgefordert, für die Seele ihrer Schulkameradin S. A. zu beten, die bald an Gehirnhautentzündung sterben werde. Auf eine entsprechende Frage antwortete Bärbl, dass ihr dieses Anliegen innerlich mitgeteilt worden sei. Bärbl war eines von den sechs Mädchen, die die Verstorbene zu Grabe trugen.

Etwa acht Tage später erkrankte Bärbl an derselben Krankheit, die ihren unbarmherzigen Verlauf nahm. Bärbl fühlte sich dem Tod nahe. Zu dieser Zeit verlangte sie Anna Humpf zu sprechen, mit der sie bisher keinen persönlichen Kontakt gehabt hatte. «Willst du mir in einem großen Anliegen helfen?» fragte Bärbl. «Wenn ich das kann, gerne», versprach Anna Humpf.

Bärbl erzählte darauf von einem Menschen, der ihr so Schlimmes angetan hatte, dass sie ihm nur mit äusserster Kraftanstrengung verzeihen konnte. «Ich habe ihn unmittelbar vor der Verdammung gesehen», berichtete sie. «Die Muttergottes sagte mir, ich solle mir von jemandem helfen lassen. Willst du das tun?» Zum ersten Mal erfährt man, dass Bärbl mit der Muttergottes gesprochen hat.

Anna erkannte, wie schwer es Bärbl fiel, über so diskrete Dinge zu sprechen. Umso bereitwilliger versicherte Anna, sie wolle ihr durch ihr Gebet helfen, so gut sie es vermöge. Bärbl versuchte, sich ein wenig aufzurichten: «Es ist aber die besondere Bedingung dabei, dass alles durch die Muttergottes geschieht. Weisst du, was ich meine?» Das wusste Anna: «Wenn man sich ganz der Gottesmutter geschenkt hat, gehört man ihr auch. Es geht dann alles mit ihr und durch sie. Meinst du es so?» Bärbl nickte, und nach einer Pause: «Jetzt bin ich froh.»

Bedrohlich kehrten die Schmerzen zurück, die ein wenig ausgesetzt hatten. Sie lag ganz starr da. Entweder hat sie Genickstarre oder Gehirnhautentzündung, dachte Anna. Sie zweifelte, ob Bärbl die Krankheit überstehen würde. «Tust halt alles aufopfern und zu allem bereit sein, was der liebe Gott will», redete sie Bärbl zu. «Ja, wie der liebe Gott will», flüsterte die Kranke, «sterben aber werd ich noch nicht dürfen. Die Muttergottes hat gesagt, ich werde jetzt sehr viel leiden; das Schwerste kommt noch.» Dann bat sie eindringlich: «Sag niemandem, um was ich dich gebeten habe. Versprich es mir!» Anna versprach es.

Bärbl war wie vom Fieber verzehrt; obwohl sie zu verlöschen schien, war ihr Geist hellwach. «Willst du, dass mein Bruder kommt, um dich zu versehen?», fragte Anna. «Ja, wenn er soviel Zeit hat, dann ist es mir schon recht.»

Bärbl kam ins Krankenhaus Neu-Ulm. Sie war so geschwächt, dass Ärzte, Krankenschwestern sowie Besucher ihren baldigen Tod erwarteten. Doch zur größten Überraschung aller erholte sie sich, langsam zwar, doch von Tag zu Tag etwas mehr. Niemand aus ihrer Umgebung begriff ihre Genesung. Wer aber von ihnen kannte das Geheimnis des Sühneopfers?

Das Gelöbnis

1944 wütete der Krieg ärger als zuvor. Nicht bloß die Soldaten an der Front waren aufs äusserste gefährdet, sondern immer mehr auch die Zivilbevölkerung durch die Luftangriffe. Nach jeder Vorwarnung flüchteten die Frauen mit ihren Kindern in die Luftschutzkeller. Flaksplitter fielen, feindliche Flugzeuge griffen militärische Ziele an, trafen jedoch oft auch Wohngebiete. Die Bevölkerung von Pfaffenhofen war aufs äusserste besorgt, denn etwa fünf Kilometer südlich und nördlich des Ortes gab es große Tanklager und militärische Anlagen, die einen Bombenangriff aus der Luft geradezu provozierten. Vor kurzem war das nahegelegene Ulm des öfteren angegriffen worden, große Stadtteile Augsburgs wurden im Februar 1944 in nur einer Nacht zerstört; hohe Flammen, Triumphe der Zerstörung, brannten Wohnhäuser und Kirchen nieder, zurück blieben verkohlte Ruinen.

Pfarrer Humpf, ergriffen von der Angst seiner Gläubigen, wies in einer Maipredigt auf die Hilfe der Muttergottes hin. Sie würde sorgen, dass der Ort verschont bliebe. Die Gemeinde möge den Bau einer Kapelle zu Ehren der Allerseligsten Jungfrau versprechen. Die Mehrheit der Gläubigen stimmte dem Vorschlag des Pfarrers zu. Ein solches Versprechen schweisste die Gemeinde enger zusammen. Endlich ging der Krieg zu Ende. Pfaffenhofen war vor feindlichen Fliegerangriffen bewahrt geblieben.

Einmal trafen Kisten mit Liebesgaben aus der Schweiz ein. Bärbl half bei der Verteilung mit. Als ein bestimmter Mann mit einem finsteren Aussehen erschien, verschwand sie in der hintersten Ecke des Saales und wurde blass. Auf die Frage, was sie denn habe, äusserte sie: «Hast Du denn nicht gemerkt, dass dieser Mann tief in der Todsünde lebt?» Sie konnte den Anblick solcher Menschen kaum ertragen.

Am letzten Sonntag des Kirchenjahres 1945 hielt P. Franz Josef Bezler, der Leiter der weiblichen Schönstattjugend, eine religiöse Woche, zu der Anna Humpf auch Bärbl eingeladen hatte. Bärbl hatte anfangs Bedenken. Bärbl sagte zu Anna: «Bei meiner Weihe an Maria habe ich alles hergegeben.» Was also sollte sie tun? Um innere Klarheit zu bekommen, betete sie vor dem Immaculatafest eine Novene.

Die Antwort erfolgte. Als Bärbl nachts erwachte, sah sie ihr Zimmer hell erleuchtet. Deutlich erkannte sie eine leuchtende Schrift an der Wand, ein MTA, was soviel heisst wie Mater Ter Admirabilis: dreimal wunderbare Mutter, der Name des Gnadenbildes von Schönstatt. Eine Stimme sagte: «Ja, ja, ja.»

Die Verleumdung

Bärbls Krankheit hatte keine bleibenden Beschwerden hinterlassen, doch ihr Sühneleiden hielt an. Am 1. und 2. Februar 1946 erhielten Pfarrer Martin Humpf sowie Bärbl einen anonymen Brief sehr bösen Inhalts.

Bald folgten ein zweiter und ein dritter Brief. Die anonyme Schreiberin wiegelte Pfarrer Humpf gegen Bärbl auf: Schon seit einiger Zeit beobachte sie, dass Bärbl nachts in die Kirche schleiche, worauf sie diese von innen versperre.

Einmal, als auch sie eintreten wollte, sei Bärbl wohl zur Tür gekommen, habe aber getan, als könne sie diese nicht aufsperren. So sei sie unverrichteter Dinge umgekehrt. Ob sie wohl ihre Bußübungen vor dem Altar verrichte? «Wie wollen Sie das verantworten?» fragte die Schreiberin den Pfarrer. Der war über den Inhalt sehr bestürzt.

Der überaus verlässliche Mesner, befragt, ob er die Kirche nachts abschließe, bejahte es ganz entschieden. Als er Bärbl um eine Erklärung bat, wunderte sie sich. «Wann immer ich spät abends die Kirche betreten wollte im Auftrag des Engels oder aus eigenem Drang, war die Kirche erleuchtet und unversperrt.» Sie erinnerte sich, einmal habe jemand an der Kirchentür gerüttelt; als sie öffnen wollte, war es ihr nicht möglich.

«Das Schloss muss defekt sein», sagte sie ein paar Wochen später dem Pfarrer, denn die Kirche sei auch in der vorangegangenen Nacht wieder offen gewesen. «Verständigen Sie mich sofort», bat der Pfarrer, «wenn Sie bei einem Kirchenbesuch nach zwanzig Uhr die Tür unversperrt finden.» Dazu fand sich bald Gelegenheit. Es war spätabends, als Bärbl nach einem Kirchenbesuch den Pfarrer verständigte: Die Tür sei offen. Dies interessierte den Pfarrer. Bärbl lief frohgemut voraus; Pfarrer Humpf und Anna folgten. Als Bärbl die Kirchentür öffnen wollte, war diese verschlossen. «Aber wieso denn?», fragte Bärbl. «Ich begreife das nicht. Ich war doch drinnen.» Anna wusste die Antwort: «Eine unsichtbare Hand öffnet nur dir, keinem andern.»

Diese Begebenheit war nur durch die anonymen Briefe bekannt geworden. Die Schreiberin hatte auch gedroht, den Dekan und das Ordinariat in Augsburg zu unterrichten. Weil die Schreiberin auch die Ehre des Pfarrers angriff, hielt Bärbl eine neuntägige Novene für die Schreiberin dieser Briefe.

Vierzehn Tage später trafen wieder Briefe mit derselben Schreibtype ein, Briefe voller Reue. «Ich litt Höllenqualen, wollte verzweifeln, mein Leben aufgeben», schrieb die Frau. In solcher Verfassung sei sie in der Muttergotteskapelle gewesen, als Bärbl, eintretend, auf sie zugekommen sei und gesagt habe: «Vertrauen Sie doch auf die liebe Muttergottes, dann wird alles gut.»

«Werter Herr Pfarrer», schrieb die Frau, «können Sie einer Unbekannten verzeihen? Ich habe nicht den Mut, Fräulein Ruess zu schreiben. Sagen Sie ihr», bat sie den Pfarrer, «dass ich mit Hilfe der Gottesmutter gut sein will. Dann wird mir Fräulein Ruess leichter verzeihen.»

Erste Erscheinung der Gottesmutter

Das Zeichen des lebendigen Gottes

Gnadenorte wählt der Himmel aus. Indem sie dadurch das Privileg einer göttlichen Auserwählung erhalten, offenbart sich dem Volk ein solch gesegneter Ort als einer des Gebetes, der Zuflucht, der wunderbaren Hilfe. In den meisten Gnadenorten gibt Maria, die Mittlerin zwischen Himmel und Erde, Zeichen ihrer Huld.

Als am 25. April 1946 Pfarrer Humpf, seine Schwester Anna und Bärbl gegen 16 Uhr in den Wald gingen, um von den zwei zur Verfügung stehenden Bauparzellen jene auszuwählen, die am besten geeignet war für den Bau einer Votivkapelle, erzählte der Pfarrer über die Entstehung von Wallfahrtsorten. Durch gewisse Hinweise, die ihnen die Muttergottes gegeben habe, hätten die Erbauer den geeignetsten Platz für die Gnadenkapelle erfahren.

Gemeinsam den Rosenkranz betend, gelangten sie zu den Parzellen. Auf gut Glück begannen sie, auf dem Boden der ersten Parzelle rings um den Traubenkirschenbaum, an den Anna Humpf ein Bild der Dreimal Wunderbaren Mutter anbringen wollte, Unkraut zu jäten. Während der Pfarrer mit einer Kreuzhaue das Gestrüpp rodete, um es dann auf einen Haufen zu schichten, hackten die beiden Mädchen die Brennesseln und das Dornengestrüpp aus. Dies war harte Arbeit. Auch Bärbl hackte fleissig.

Doch plötzlich richtete sie sich auf. «Da hat mich jemand gerufen.» Weder der Pfarrer noch Anna hatten den Ruf vernommen. Bärbl hörte aufmerksam hin. Sie ent-

Dieses Bild verkörpert die Urzelle von Marienfried, den Ort der ersten Erscheinung mit den drei Hauptzeugen: Bärbl zu Füssen des Marienbildes, das Anna Humpf an den Traubenkirschenbaum geheftet hat und wo später gleich rechts davon die Kapelle errichtet wurde. Zu beiden Seiten die Hauptzeugen Martin und Anna Humpf.

fernte sich seitlich ins Gebüsch. Plötzlich blieb sie stehen; erstaunt blickte sie ein nur ihr sichtbares Gegenüber an. Es sei wohl eine ihrer kleinen Schwestern gekommen, vermutete Anna, die so angestrengt arbeitete, dass sie auf nichts anderes achtete. Wenige Minuten später kehrte Bärbl freudig erregt zurück. «Hast du die Frau gesehen?», fragte sie Anna. «Sie sagt nicht, wer sie ist.»

Während Anna weiterhackte, erzählte Bärbl: «Das ist die Frau, von der ich dir erzählt habe, die mich den Immaculata-Rosenkranz gelehrt hat. Ich möchte nur wissen, woher sie ist.»

Eine halbe Stunde später vernahm Bärbl abermals die Stimme der Frau. «Jetzt ruft sie mich wieder», sagte Bärbl. «Dann geh doch hin», munterte Anna Humpf Bärbl auf. «Nein, ich mag nicht. Die redet immer solche Sachen, die ich nicht begreife. Sie soll sprechen, dass man sie versteht. Ich rede doch auch so, dass man mich versteht.»

«Sei doch nicht so ungehalten», mahnte Anna. «Ich habe zwar nichts gehört, aber wenn man mich riefe, ginge ich hin.»

Bärbl machte fünf, sechs Schritte nach rechts, blieb stehen und sprach wie vorhin mit einem nur ihr sichtbaren Gegenüber. Befremdet flüsterte der Pfarrer seiner Schwester zu: «Was hat sie denn?» Anna schüttelte nur den Kopf. Sie hörte Bärbl sagen: «Das versteh ich nicht. Woher wissen Sie das? – Ja, das war vor einem Jahr, als die Amerikaner kamen.» Ruckartig drehte sich Bärbl dem Pfarrer und seiner Schwester zu. «Jetzt aber habt ihr sie gesehen. Ich möchte nur wissen, wer die Frau ist, aber sie sagt es mir nicht.»

Doch die beiden versicherten, die Frau weder gesehen noch gehört zu haben. Bärbl sagte heftig: «Aber ihr müsst sie doch gesehen haben. Da hat sie gestanden», sie wies auf eine Stelle am Rand des freigelegten Platzes. «Ich sehe doch keine Gespenster», fuhr sie erzürnt fort, «und schließlich hat sie doch auch zu euch gesprochen.»

«Was denn?»

«Der Friede Christi sei mit euch und mit allen, die hier beten.»

Wieder wussten die beiden von nichts. «Haltet mich doch nicht zum Narren», empörte sich Bärbl, «ich weiss doch, was ich gesehen habe.»

In diesem Augenblick kamen sechs Mädchen aus der Gruppe, die nach Feierabend bei der Arbeit mithelfen wollten, den Platz für den Bildstock herzurichten. Deshalb erkundigten sich weder der Pfarrer noch Anna nach Bärbls merkwürdigem Erlebnis.

Der Pfarrer verbringt eine schlaflose Nacht

In der Nacht grübelte der Pfarrer über Bärbl nach. Er wusste, dass sie oft mit dem Engel redete, doch nie vorher hatte Bärbl vor Zeugen mit einer nur für sie sichtbaren Gestalt gesprochen. So wie er Bärbl kannte, war ihr jedes Sich-zur-Schau-Stellen zuwider. Nichts verabscheute sie so sehr, wie Mittelpunkt zu sein. Bärbls offensichtlicher Ärger, dass weder er noch seine Schwester die Frau gesehen oder ihre Worte vernommen hätten, bezeugte Bärbls Wunsch, nicht anders als andere zu sein. Vielleicht hatte sie doch eine Geisteskrankheit, die ihnen entgangen war. Nie aber hatte er psychische Störungen an ihr bemerkt.

Um ganz sicher zu sein, verglich er in Gedanken die Merkmale zwischen einer echten Erscheinung, einer Halluzination oder einer Pseudohalluzination. Letztere konnte er ausschalten, denn einer Pseudohalluzination haftet der Charakter des Traumhaften an. Nie würde ein so aufrichtiger Mensch wie Bärbl es war, Phantasiertes als wirklich hinstellen. Echte Halluzinationen, Symptome krankhafter Veränderungen, entstehen aus abnormen inneren Prozessen, während äussere Sinnesreize fehlen.

Bärbl war ausgesprochen nüchtern veranlagt. Sie verabscheute Spekulationen und Hirngespinste jeder Art. Sie war offen und geradlinig, für Mathematik sehr begabt. Wie freute sie sich am Schönen in der Wirklichkeit.

Wie bei einem Puzzlespiel

«Was hat denn die Frau auf deine Frage nach ihrer Herkunft geantwortet?», wollte Anna Humpf am nächsten Tag wissen. «Sie sagte wörtlich: ‹Wenn ich den Schleier nicht hätte, würdest du mich erkennen.›» Bärbl wunderte sich noch immer über diese Antwort. «Warum konnte sie nicht wie andere Leute sagen, wo sie wohnt und woher sie kommt?»

«Das ist das begehrte Zeichen», sagte Pfarrer Humpf, «jetzt weiss ich gewiss, dass an der Stelle, wo wir gerodet haben, die Kapelle stehen soll.» Anna hingegen erkundigte sich, was Bärbls bestätigende Worte «Ja, das war vor einem Jahr, als die Amerikaner kamen», bedeuten sollten. Sie antwortete der Freundin: «Stell Dir vor, die Frau wusste, dass ich an dem Tag, als die amerikanischen Soldaten in Pfaffenhofen einmarschierten (25.4.1945), der Gottesmutter still versprochen hatte, den Immaculata-Rosenkranz nicht wie bisher nur ab und zu, sondern von jetzt ab jeden Tag zu beten. Woher weiss die das, und wie kann sie zu mir sagen, ich hätte ihr damit eine große Freude gemacht?» (Eizereif, Seite 34).

Pfarrer Humpf überlegte: Wie bei einem Puzzlespiel fügten sich Bärbls eigenartige Erlebnisse zu einem Ganzen zusammen. Er erinnerte sich, wie sie spät abends die Kirche besucht hatte. Wie sich die verschlossene Kirchentür nur für sie geöffnet hatte. In der Nacht und am Morgen hatte sie in den letzten Jahren mit ihrem Engel gesprochen. Immer hatte sie gewusst, wenn ein Bewohner des Dorfes sterben würde. Oder die Sache mit ihrer Hirnhautentzündung: Ihre Mitschülerin war daran gestorben; am Tag des Begräbnisses wurde Bärbl von derselben Krankheit befallen. Hatte sie vielleicht ein Sühneleiden übernommen? Das musste wohl sein. Auch das passte: Während ihrer Hirnhautentzündung hatten die Ärzte vermutet, dass sie bald sterben müsse. Nur Bärbl selbst wusste, dass sie am Leben bleiben würde. So schlecht es ihr damals ging – nie war ihr Geist getrübt. Die Krankheit hatte nicht den geringsten Schaden hinterlassen. Jetzt kam jene Frau hinzu, der sie schon vor sechs Jahren begegnet war, nur Bärbl sichtbar. Die Frau hatte sie damals den Immaculata-Rosenkranz gelehrt; es war an einem 13. Mai gewesen, einem Fatimatag. Dem Pfarrer fiel ein: Als die Frau mit Bärbl den Immaculata-Rosenkranz gebetet hatte, hatte sie nach Bärbls Bericht das «Gegrüßet seist du Maria» nicht mitgebetet. Noch am Vortag hatte die Frau über die Totalhingabe gesprochen.

«Du sollst Zeugin sein. Dort, wo das meiste Vertrauen ist, und wo (man) die Menschen lehrt, dass ich (bei Gott) alles (erreichen) kann, werde ich den Frieden verbreiten.

Dann, wenn alle Menschen an meine (mir von Gott übertragene) Macht glauben, wird Friede sein.

Ich bin das Zeichen des lebendigen Gottes.

Ich drücke mein Zeichen meinen Kindern auf die Stirn. Der Stern wird mein Zeichen verfolgen. Mein Zeichen aber wird den Stern besiegen» (Eizereif, Seite 33 und 34).

«Du sollst Zeugin sein», dies waren die Worte, durch die der Pfarrer begriff, warum weder er noch seine Schwester die Frau gesehen hatten, sondern nur Bärbl. Sie war das erwählte Kind, das die Botschaft der Frau weitergeben sollte.

Zu Beginn der Rede war Bärbl als Zeugin aufgerufen. Dort, wo sich die Menschen bekehren, würden sie alles bei Gott erreichen. Wenn alle Menschen an die Macht der Gottesmutter glaubten, würde Friede sein.

1946 und noch viele Jahre nachher waren in sämtlichen deutschen Städten die Kriegsfolgen zu sehen: zerbombte Häuser, Kriegsverletzte, Hungernde. In vielen Familien hoffte man oft genug vergebens auf die Rückkehr der Ehegatten und Söhne, die in den Gefangenenlagern nur in der Hoffnung auf Heimkehr ausharrten. 1945 hatten die alliierten Mächte den Frieden erklärt. Warum aber stellte die Frau durch ihre Aussage den Frieden in Frage? Heute werden sich viele Leser noch mehr über die Worte der Frau wundern. Hat es denn jemals einen so langen Frieden gegeben, wie wir ihn erlebt haben?

Um diese Frage zu klären, müssen wir die beiden nachfolgenden Reden der Gottesmutter miteinbeziehen. Die Erscheinung spricht über einen Frieden, der sich ausbreiten soll über die Welt. Also nicht nur über einen Frieden in Mitteleuropa. In vielen Staaten der Erde herrscht blutiger Krieg. In ihrer dritten Rede spricht sie über einen

---

Inneres der Marienfriedkapelle mit dem Mariengnadenbild über dem Altar. Rechts Statue des hl. Josef, links an der Wand grosses Holzkreuz, gestiftet von Josefine und Eleonore Spiegler.

Frieden, durch den Christus als Friedenskönig herrschen soll. Den Frieden der Herzen als Grundlage zum wahren Frieden will Maria bewirken, wenn wir ihre Bitten erfüllen. Überlegen wir, welche Art von Frieden wir in den letzten Jahrzehnten erlebt haben. Einen satten Frieden, der uns die Not anderer Völker vergessen ließ, trotz aller Spenden. Einen Scheinfrieden haben wir erlebt, einen verlogenen Frieden, bedenkt man, dass wir Anteil haben an einem schrecklichen Krieg, der jährlich über 50 Millionen Opfer fordert, nämlich den Krieg gegen die schutzlosesten Geschöpfe, die ungeborenen Kinder. Ein Krieg, der so lautlos vor sich geht, dass er kaum noch Anstoß erregt.

Was hat sich seit 1946 nicht alles verändert! Verbrechen nahmen zu, aber auch der Verfall der Familien, Kampf gegen die Kirche, Beeinflussung der Menschen durch die Medien, Satanskult, Suchtgefahren, Verführung der Kinder in der Schule, Pornographie.

Lassen wir uns vom Scheinfrieden dieser Welt nicht bluffen. Christus sagt: «Frieden hinterlasse ich euch, meinen Frieden gebe ich euch, nicht einen Frieden, wie die Welt ihn gibt, gebe ich euch; euer Herz beunruhige sich nicht und verzage nicht» (Joh 14,27).

Endlich stellt sich die Frau mit den Worten vor: «Ich bin das Zeichen des lebendigen Gottes.» Diese Worte sind hochgemut. Erinnern sie doch an das Magnificat, das

---

Marienfriedkapelle mit Pilgern.
Große Marienfried-Kirche, eingeweiht am 23. Juni 1972 durch Weihbischof Rudolf Schmid, Augsburg: abgebrannt am 2. August 1973. Alles wurde ein Raub der Flammen, einzig der Korpus des gekreuzigten Christus blieb als Torso übrig und wird rechts vom Altar aufbewahrt. Brandstiftung möglich, aber nicht nachgewiesen. Wiederaufbau 1974, neu eingeweiht am 5. Oktober 1974 durch Bischof Dr. Josef Stimpfle.

Maria bei ihrer Base Elisabeth gesprochen hat: «Hochpreiset meine Seele den Herrn, und mein Geist frohlockt in Gott, meinem Heiland, denn Großes hat an mir getan der Mächtige.»

Maria ist das Zeichen. Wie vielen abergläubischen Zeichen hatte das deutsche Volk während des Zweiten Weltkriegs geglaubt. Von falschen Propheten und einem selbsternannten «Heiland» war es verführt worden. Jetzt, nach dem Krieg, schickte Gott dem deutschen Volk sein Zeichen. Er hatte Deutschland nicht abgeschrieben. Gott allein wusste, wieviele Deutsche sich gegen die Versklavung des Geistes empört hatten; er allein kannte die Zahl der Opfer. Aber auch jene, die dem Trommelwirbel der Verführung erlegen waren, wollte er mit sich versöhnen. Noch waren die Menschen niedergedrückt, arm, behindert, krank an Körper und Gemüt. Alle jene, die an ihre prophetischen Worte glaubten, nahm die Muttergottes als ihre Kinder an.

«Der Stern wird mein Zeichen verfolgen. Mein Zeichen aber wird den Stern besiegen.» Was meinte Maria mit dem Wort «Stern»? Erinnern wir uns an die Worte der Apokalypse: «Die Frau wird den Drachen besiegen.» Der «Stern» hat seine Bedeutung in den Zeiten der Weltraumforschung. Der überhebliche Mensch begnügt sich nicht mit der Erde, er will auch das Weltall beherrschen. Sterne sehen wir auf Staatsfahnen. Mit dem Wort «Stern» ist Luzifer gemeint, einst der höchste der Engel. Als er gegen Gott rebellierte, fiel er aus dem Himmel des Lichts und der Liebe Gottes in das Dunkel der Gottesferne.

Auf Bärbls Frage, wer sie sei, antwortete die Frau:

«Wenn ich den Schleier nicht hätte, würdest du mich erkennen.»

Noch lüftete sie nicht den Schleier, noch wusste Bärbl nicht, wer die Frau war.

Als der Pfarrer meinte, die Frau könne nur die Gottesmutter sein, wurde Bärbl heftig: «Aber nein, ihr seid doch besser als ich! Wäre sie die Gottesmutter, so müsste sie euch erscheinen.»

Ein Buch über Fatima, das ihr der Pfarrer mitgab, brachte sie am nächsten Tag ungelesen zurück. Ihr Engel habe ihr verboten, es zu lesen.

Obwohl Bärbl die Worte der Frau wortwörtlich wiederholen konnte, begriff sie nicht den Inhalt.

Stunden der Trostlosigkeit

Genau einen Monat später, am 25. Mai 1946, forderte der Engel Bärbl auf, am Nachmittag nach Marienfried zu gehen. Bärbl bat nach der Frühmesse Anna, sie dorthin zu begleiten. Kaum aber befand sich Bärbl in ihrer Wohnung, als sich ihr Gemüt verdüsterte. Alles erschien ihr sinnlos. Ihr logischer Verstand wehrte sich gegen alles, was sie nicht begreifen konnte. Sie wollte nicht anders sein als andere. Warum fiel ausgerechnet sie durch ihre seltsamen Erlebnisse aus der Menge heraus? Was war überhaupt mit ihr los? Zweifel nagten an ihr. Sie versuchte, sich abzulenken, doch es gelang ihr nicht.

Ein Nebel von Trostlosigkeit und Widerwillen hüllte sie ein. Sie war kein Kind des Südens wie die Seherkinder in La Salette, in Lourdes, in Fatima. Die waren gleich beim ersten Mal überwältigt gewesen von der leuchtenden Erscheinung. Bärbl war auch kein Kind mehr, sondern 22 Jahre alt. Ihr scharfer Verstand analysierte das alles sehr kritisch. Auch als sie Anna bereits verständigt hatte, dass sie nicht nach Marienfried gehen wollte, wusste sie, dass sie es zu Hause nicht aushalten würde. Sie spürte, dass sie sich nach der Frau sehnte – aber was wollte diese von ihr? Aus ihren Reden wurde sie nicht klug.

Dem Pfarrer gelang es endlich, Bärbl zu beruhigen. Er selbst pilgerte am frühen Nachmittag zum Bildstock, besprengte dort das Erdreich mit Weihwasser und betete den Exorzismus, um jeden dämonischen Einfluss auszuschalten. Anna hingegen beichtete, bevor sie mit Bärbl nach Marienfried ging, damit sie jeden Irrtum erkenne, vor allem aber, damit der Teufel nicht den geringsten Einfluss auf sie habe. In guter Stimmung heiterte sie auch Bärbl auf.

Die Beiden beteten beim Bildstock und schmückten ihn mit Blumen. Zu dieser Zeit fuhr Bärbls Vater mit dem Auto vorüber. Bärbl wollte den Vater anhalten. Sie sagte: «Da kommt mein Vater, komm wir fahren mit heim.»

«Warum denn», meinte Anna. «Es eilt doch nicht.» So blieben sie und beteten den Rosenkranz zu Ende.

Bärbl sah ihren Engel, der beim Traubenkirschenbaum stand und mit dem Finger zur rechten Seite zeigte, wo die Frau stand.

Zweite Erscheinung der Gottesmutter

Die große Gnadenvermittlerin

Diesmal trug die Frau keinen Schleier. Ihr dunkles Haar war in der Mitte gescheitelt; wie von Licht beleuchtet glänzte ihr Antlitz. Ihre Augen strahlten. Gewand und Mantel waren weiss wie Schnee. Überwältigt von der makellosen Schönheit der Frau rief Bärbl: «Maria!»

«Ich bin die große Gnadenvermittlerin. Wie die Welt nur durch das Opfer des Sohnes beim Vater Erbarmen finden kann, so könnt ihr nur durch meine Fürbitte beim Sohne Erhörung finden.

Christus ist deshalb so unbekannt, weil ich nicht bekannt bin.

Deshalb goss der Vater seine Zornesschale über die Völker aus, weil sie seinen Sohn verstoßen haben. Die Welt wurde (zwar) meinem unbefleckten Herzen geweiht, (aber) die Weihe ist vielen zur furchtbaren Verantwortung geworden. Ich verlange, dass die Welt die Weihe lebt. Habt restloses Vertrauen auf mein unbeflecktes Herz! Glaubt, dass ich beim Sohn alles kann. Setzt an die Stelle eures sündigen Herzens mein unbeflecktes Herz, dann werde ich es sein, die die Kraft Gottes anzieht, und die Liebe des Vaters wird Christus neu in euch zur Vollendung bringen. Erfüllt meine Bitte, damit Christus bald als Friedenskönig herrschen kann» (Eizereif, Seite 37).

Die Frau stellte sich als die große Gnadenvermittlerin vor. Ihre hohe Stellung vor Gott erklärte sie: «Wie die Welt nur durch das Opfer des Sohnes vor dem Vater Erbarmen findet, so erhört Christus die Bitten der Menschen nur durch die Fürbitte seiner Mutter.»

In unlösbarer Verbindung mit Christus wird Maria Mittlerin und Fürsprecherin genannt. Sie, die Mutter Christi, hat das Leben ihres Sohnes miterlebt und mitgetragen bis zu seinem bitteren Tod am Kreuz. Deshalb hat Christus sie erkoren, die verlorene Welt heimzuholen und ihr Gnaden zu spenden. Maria, die Mutter Christi, ist auch unsere Mutter sowie auch die Mutter der Kirche. In liebevoller Sorge will sie uns ihre Gnaden vermitteln. Deshalb lädt sie uns ein, uns mit unseren Bitten an sie zu wenden.

In Maria die Mittlerin aller Gnaden zu sehen, ist keineswegs neu. Schon Papst Leo XIII. bezeichnet die Gottesmutter als die Spenderin aller Gnaden; Pius XI. nennt Maria die «Mittlerin aller Gnaden vor Gott». Paul VI. spricht über die «einzigartige Teilnahme Mariens am Kreuzesopfer als Grundlage ihrer Mittlerschaft». Den schönsten Vergleich bringt Benedikt XIV. Er vergleicht sie mit einem himmlischen Bach, durch den alle teilhaben an Gnaden und Gebeten. Dass wir sie anrufen und auf ihre Hilfe rechnen dürfen, beweist, wie sehr Gott den Menschen liebt.

Im folgenden rügt Maria: Christus sei deshalb so unbekannt, weil sie nicht bekannt sei. Was meint sie mit diesen Worten? In früheren Zeiten wussten die Menschen, dass Christus aus Maria, der Jungfrau, geboren wurde, dass sie, die «voll der Gnade», ohne Erbsünde war. Das heutige Zweckdenken der Menschen überschattet den Glauben an Wunder. Stattdessen wendet sich das religiöse Bedürfnis der Menschen Sekten und fernöstlichen Religionen zu.

Nur wenn man daran glaubt, dass Christus, der Gottessohn, auf wunderbare Weise geboren wurde, wird

Christus als Erlöser anerkannt und nicht, wie es heute häufig geschieht, bloß als ein «Sozialreformer» angesehen. Wenn 1946 die Gottesmutter den göttlichen Zornbecher erwähnt, den die Welt für ihre unzähligen Sünden trinken musste, sprach sie rückblickend vom Zweiten Weltkrieg.

Am 31. Oktober 1942 wurde die Welt durch Papst Pius XII. dem Unbefleckten Herzen Mariens geweiht, aber die Welt hat die Weihe nicht gelebt. Es genügt nämlich nicht, dass die Weihe durch den Papst vollzogen wird, sondern die Gläubigen sollten nach den Worten Marias die Weihe leben durch restloses Vertrauen, restlose Hingabe und vollen Einsatz.

Sie ermuntert die Menschen: «Habt Vertrauen, glaubt, dass ich beim Sohn alles erreiche.» Dann folgen die beeindruckenden Worte: «Setzt an Stelle eurer sündigen Herzen mein unbeflecktes Herz.» Sie will uns helfen, sie, die Sündenlose.

Selbst für unsere Sünden will sie bei ihrem Sohn um milde Verzeihung bitten, wenn wir Buße tun. Und wieder der Aufruf: «Erfüllt meine Bitte, damit Christus als Friedenskönig herrschen kann.»

Die Frau vertraut Bärbl ein Geheimnis an, das sie später verstehen werde. «Danach (offenbarte) mir die Erscheinung etwas», erwähnt Bärbl in ihrem Bericht, «wovon ich nicht sprechen darf. Sie verlangte von mir: ‹Dies sollst du als Geheimnis bewahren. Du weisst jetzt noch nichts damit anzufangen. Hab Vertrauen, ich werde dich führen, du wirst es einmal verstehen.›»

Im Anschluss an diese private Mitteilung für Bärbl richtet sich die lichtvolle Erscheinung wieder an alle und stellt fest:

«Die Welt muss den göttlichen Zornesbecher bis zur Neige trinken wegen der unzähligen Sünden, wodurch sein Herz beleidigt wird. Der Stern des Abgrundes wird wütender toben denn je und furchtbare Verwüstungen anrichten, weil er weiss, dass seine Zeit kurz ist und sieht, dass sich schon viele um mein Zeichen geschart haben. Über diese hat er keine Macht, wenn er auch den Leib vieler töten wird. Aber aus diesem für mich gebrachten Opfer erwächst meine Macht, die restliche Schar zum Sieg für Christus zu führen. Einige ließen sich mein Zeichen schon eindrücken und es werden immer mehr werden. Euch, meinen Kindern, will ich sagen: Vergesst in den blutigsten Tagen nicht, dass gerade dieses Kreuz eine Gnade ist und dankt dem Vater immer wieder für diese Gnade!» (Eizereif, Seite 37).

Zuvor sprach Maria über die Zornesschale Gottes in der Vergangenheitsform. Jetzt wechselt sie in die Gegenwart: «Die Welt muss den Zornesbecher Gottes trinken wegen der ungezählten Sünden.» Selbst nach dem schrecklichen Zweiten Weltkrieg sind die Menschen unbußfertig.

Sie prophezeit Zukünftiges: «Der Stern des Abgrunds wird wütender toben denn je und furchtbare Verwüstungen anrichten.» 1946 war die Welt noch einigermaßen in Ordnung, verglichen mit heute. Man fragt sich: Hat Maria diese Voraussagen für uns gemacht, die wir bereits über 50 Jahre im «Frieden» leben? Der Stern des Abgrundes hat die einzig wahre Lehre entstellt. Er weiss, wie kurz seine Zeit ist, denn es haben sich schon viele um das Zeichen Marias geschart. Es werden immer mehr werden, die unter ihrem Schutz opfern und beten. Wenn Marias Worte befolgt werden, wird sie die kleine Herde zum Sieg über den Stern des Abgrunds zu Christus führen. Als Prophetin mahnt sie: «Vergesst in den blutigsten Tagen nicht, dass gerade das Kreuz Gnade ist. Dankt dem Vater immer wieder für diese Gnade.» Jedes Kreuz, angenommen als Gottes Wille, ist Gnade, denn es verwandelt unsere Herzen.

Mit den Ermahnungen der Gottesmutter steht Marienfried in einer Reihe mit den wichtigsten von der Kirche anerkannten Erscheinungsorten: La Salette, Lourdes, Fatima. Sie ermahnt, bittet, verspricht, zeigt den Weg des Heiles auf für jeden Einzelnen; sie ist die Mutter. Sie verspricht denen den Frieden, die ihre Bitten erfüllen. Den Frieden in sich selbst, in den Familien, an den Arbeitsplätzen. Nur auf solchem Frieden baut sich der Friede der Welt auf. Dieses Versprechen ermutigt in einer Zeit, da Gottlose die totale Vernichtung der Welt durch Atomwaffen, aber auch durch die Maßlosigkeit der Produktion und des Konsums und damit durch die Zerstörung der Schöpfung durch Umweltgifte provozieren.

Die Muttergottes bittet Bärbl, der Welt ihren Willen kundzutun. Bärbl zweifelt, ob sie den Inhalt behalten werde, aber Maria beruhigt sie: «Hab Vertrauen, zur rechten Zeit weisst du die richtigen Worte.» Dann fährt sie fort: «Der Teufel erringt eine so gewaltige Macht, dass jeder, der nicht fest auf meine Hilfe vertraut, sich betören lässt. Wer aber auf mein Unbeflecktes Herz vertraut, über den hat der Teufel keine Macht. Er wird viele meiner Kinder verfolgen; sie werden von den Menschen verachtet und verstoßen werden.»

Dann wendet sich die Gottesmutter an Bärbl persönlich und sagt ihr voraus, sie werde sehr schlimm verleumdet werden. Diese schwere Zeit könne sie durch Gebet und Opfer überstehen. Was sie ihr jetzt sagt, gilt beispielhaft für viele: Sie möge viel beten, ermahnt die Gottesmutter, und ihr Vertrauen auf sie setzen, dem Heiland für jedes Kreuz danken, besonders auch für bestimmte Menschen beten.

Schließlich heisst sie Bärbl, auf den Kellerberg zu gehen. Dort sei ein Mann in großer Not, den solle sie zu der Erscheinungsstätte schicken.

«Die größten Gnaden müssen durch die größten Opfer erkauft werden.»

Und vor ihrem Abschied sagt sie:

«Am Fest des hl. Wilhelm sollst du wiederkommen.

Der Teufel wird solche Macht nach aussen bekommen, dass alle, die nicht fest in mir gegründet sind, sich täuschen lassen. Es wird eine Zeit kommen, da wirst du ganz allein dastehen. Der Teufel wird die Menschen so blenden, dass er auch die Besten zu täuschen und auf seine Seite zu ziehen versteht. Du wirst furchtbar verleumdet werden. Aber du sollst alles auf das Vertrauen gründen. Überall dort, wo die Menschen nicht auf mein unbeflecktes Herz vertrauen, hat der Teufel Macht. Wo die Menschen anstelle ihrer sündigen Herzen mein unbeflecktes Herz setzen, hat der Teufel keine Macht. Er wird aber meine Kinder verfolgen. Sie werden von den Menschen verachtet und verstoßen sein. Aber er kann ihnen nichts antun. Die Menschen, die bisher mit dir waren (zu dir standen), wird er (derart) täuschen, dass sie sich ganz von dir abwenden.»

Bärbl fährt in ihrem Bericht fort: «(Anschließend) gab sie mir Ratschläge, (bat mich,) alles auf das Vertrauen zu setzen, viel zu beten, zu opfern und dem Heiland für jedes Kreuz zu danken. Sie forderte mich auf, für (einige) Menschen besonders zu beten und hieß mich (schließlich), auf den Kellerberg zu gehen, um dort auf einen Mann zu warten, der in großer Not sei, und den ich ihr (zur Erscheinungsstelle) schicken solle. Sie werde ihm (in seiner Verzweiflung) helfen. (Dass ich diesen Mann dort finden werde,) solle das Zeichen für mich sein, keiner Täuschung zu unterliegen» (Eizereif, Seite 38).

Während des Gesprächs faltete Maria die Hände. Als der Engel zu beten begann, breitete sie die Hände aus, ihre Gestalt wurde heller und klarer. Dreifach übereinander gestellte Strahlen krönten ihr Haupt. Nach dem Segen wurde sie durchsichtig, heller als die Strahlen der Sonne. Bärbl wurde vom Licht so geblendet, dass sie wegschauen musste.

Auf dem Kellerberg

Dann ging Bärbl zum Kellerberg. An der von der Frau bezeichneten Stelle traf sie einen jungen Mann. Anscheinend war er ein Pole, eine «displaced person», aus seiner Heimat verschleppt, wie es damals viele in Deutschland gab. Er konnte nur gebrochen deutsch sprechen. «Wohin gehst du?», redete Bärbl ihn an.

«In den Wald...», antwortete er ganz verstört. «Zeig mir, was du unter deiner Jacke versteckt hast!» Und wie nach einer Eingebung, da der Mann nicht sprechen wollte, sagte sie: «Du hast ja einen Strick.» Ohne ihn gesehen zu haben, wusste Bärbl, dass sich der Mann erhängen wollte. Verzweifelt sagte der Mann: «Es ist alles so schwer. Kannst du mir helfen?» – «Ich nicht, aber ich führe dich an einen Ort, wo dir geholfen wird.»

Sie begleitete ihn zum Traubenkirschenbaum, an dem das Bild der Dreimal Wunderbaren Mutter befestigt war.

Dort ließ sie ihn allein. Auf dem Weg vom Kellerberg zur Erscheinungsstätte, die erst später Marienfried genannt wurde, wunderte sich der Mann, dass er, früher immer trotzig und rebellisch, sich von einem Mädchen hatte beeinflussen lassen. Am Abend, als die Mädchen zum Bildstock kamen, sahen sie den Strick über dem Bildstock hängen. Es war der Strick jenes verzweifelten und zum Selbstmord entschlossenen Mannes, den Bärbl auf die Bitte der Muttergottes zu ihrem Bild geführt und der dort Hilfe erlangt hatte.

Die Marienfriedkapelle im ursprünglichen Zustand.

Dritte Erscheinung der Gottesmutter

Der Dreifaltige Gott

Am 25. Juni 1946, dem Fest des hl. Abtes Wilhelm, erschien die Gottesmutter ein drittes und letztes Mal an der Erscheinungsstätte. Vor wenigen Augenblicken noch hatte Bärbl flüchten wollen. Jetzt stand Maria vor ihr. Unmöglich konnte Bärbl den Blick von ihr abwenden. Die Gestalt, unwirklich in ihrer Schönheit, doch deutlicher als Bäume und Sträucher ringsum, war lichtumflossen. Güte und Schmerz verriet der Ausdruck ihres edlen Antlitzes. Ihre Augen, obwohl klar und tief, strahlten wie die Sonne. «Maria, wie schön bist du!» rief Bärbl.

«Ich bin die große Gnadenvermittlerin. Der Vater will, dass die Welt diese Stellung seiner Dienerin anerkennt. Die Menschen müssen glauben, dass ich als dauernde Braut des Heiligen Geistes die getreue Vermittlerin aller Gnaden bin. Mein Zeichen ist im Erscheinen. So will es Gott. Nur meine Kinder erkennen es, weil es sich im Verborgenen zeigt, und geben dem Ewigen deswegen die Ehre.

Meine Macht kann ich der großen Welt heute noch nicht offenbaren. Ich muss mich mit meinem Kinde zurückziehen. Im Verborgenen will ich Wunder an den Seelen wirken, bis die Zahl der Opfer voll ist. An euch liegt es, die Tage der Dunkelheit abzukürzen.

Euer Beten und Opfern wird das Bild des Tieres zertrümmern. Dann kann ich mich aller Welt offenbaren zur Ehre des Allmächtigen. Wählt euch mein Zeichen, damit der Dreieinige bald von allen angebetet und geehrt werde.

Betet und opfert durch mich! Betet immer! Betet den Rosenkranz. Erbittet euch alles durch mein unbeflecktes Herz beim Vater. Wenn es zu Seiner Ehre gereicht, wird Er es euch geben. Betet den Immaculata-Rosenkranz, den gnadenreichen Rosenkranz, wie ich ihn dir gezeigt habe. Erfleht in ihm nicht vergängliche Werte, sondern erbittet Gnaden für einzelne Seelen, für eure Gemeinschaft, für die Völker, damit alle das göttliche Herz lieben und ehren. Haltet den mir geweihten Samstag, so wie ich es gewünscht habe. Die Apostel (Nachfolger der Apostel = Bischöfe) und Priester sollen sich mir alle besonders weihen, damit die großen Opfer, die der Unerforschliche gerade von ihnen fordert, zunehmen an Heiligkeit und Wert, wenn sie in meine Hände gelegt werden.

Bringt mir viele Opfer! Macht euer Gebet zum Opfer! Seid uneigennützig! Es geht heute nur darum, dass dem Ewigen Ehre und Sühne werde.

Wenn ihr euch restlos dafür einsetzt, will ich für alles andere sorgen. Meinen Kindern will ich Kreuze aufladen, schwer und tief wie das Meer, weil ich sie in meinem geopferten Sohn liebe. Ich bitte euch, seid bereit zum Kreuztragen, damit bald Friede wird.

Wählt euch mein Zeichen, damit dem Dreieinigen bald die (gebührende) Ehre (zuteil) wird. Ich fordere, dass die Menschen meine Wünsche bald erfüllen, weil dies der Wille des himmlischen Vaters ist, und weil es zu Seiner größeren Ehre und Herrlichkeit heute und allezeit notwendig ist. Ein schreckensvolles Wehe verkündet der Vater denen, die sich Seinem Willen nicht unterwerfen wollen.

Dies ist (meine) Botschaft an die Welt, man muss die Menschen davon unterrichten» (Eizereif, Seite 40-41).

In der dritten Botschaft spricht Maria prophetisch: «Ein schreckensvolles Wehe verkündet der Herr denen, die sich seinem Willen nicht unterwerfen wollen.» Ausdrücklich sagt sie «nicht wollen». Dieses Nicht-Wollen scheidet jede Art von Zwang aus. Nicht-wollen, das «Non serviam» Luzifers, bedeutet: sein eigener Gott sein wollen. So werden die Ermahnungen des Gewissens überhört; man stemmt sich gegen jede Erkenntnis, dass es einen Gott gibt, der der Schöpfer des Himmels und der Erde ist, der seine Gebote gegeben hat.

Jesus wird durch solche Menschen, die im Missbrauch ihrer Freiheit sich selbst belügen, noch einmal gegeisselt, mit Dornen gekrönt, noch einmal zu Tode gemartert. Weil es eine große Anzahl solcher Menschen gibt, fleht die Gottesmutter: «Gebt Gott die Ehre!» Denn die wahre Aufgabe des Menschen ist es, Gott zu loben und zu preisen. Gott soll verherrlicht, seine Majestät angebetet werden. Gott ist überreich an Erbarmen, doch herrscht er auch mit richterlicher Gewalt.

Der für uns geopferte Gottmensch will uns seinen Frieden geben. Er besteht in der Nachfolge Christi Tag für Tag und Stunde um Stunde. Gott will, dass ihm auf den Altären der menschlichen Herzen Opfer dargebracht werden. Gott will, dass die Botschaft der Gottesmutter bekannt wird. An solcher Botschaft scheiden sich die Geister. Eine große Zahl stößt sich daran, aber eine kleine Schar nimmt die Worte der Botschaft mit bereitem Herzen auf.

Maria, die von Gott Erwählte, ist die Liebende. Sie liebt Gott über alles. Sie liebt ihre Kinder, die ihren Spuren folgen. Mit großem Erbarmen blickt sie auf die Schar der Verlorenen, der Verstockten. Um auch sie zu retten, um auch ihnen zu helfen, ruft sie ihre Kinder zur Hilfe und Fürbitte auf. «Bringt mir viele Opfer! Seid uneigennützig! Es geht darum, dass dem Ewigen Ehre und Sühne wird!» Die schweren Beleidigungen gegen Gott, die Verhöhnungen des Erlösers verlangen Sühne.

Wenn der Sünder nicht mehr dazu fähig ist, weil er sein Herz verhärtet hat, so sind alle dazu aufgerufen, die Maria folgen wollen, mitzubeten und zu opfern.

Die Opfernden, eine kleine und doch so notwendige Schar, tragen ihre Kreuze um der Liebe willen. Gestärkt durch die Fürbitte der Gottesmutter, gehen sie in barmherziger Liebe den Sündern nach. Maria ist die große Gnadenvermittlerin. Stand sie nicht selbst unter dem Kreuz ihres Sohnes? War nicht Christus gehorsam bis zum Tod am Kreuz? Wenn sie mahnt: «Seid bereit zum Kreuztragen, damit bald Friede wird», wollen wir uns mit Paulus rühmen im Kreuz unseres Herrn Jesus Christus (Gal 6,14).

Der lange Scheinfriede täuscht. Immer wieder flammt das Feuer des Krieges auf, bald auf dem Balkan, bald in Russland, in erschreckender Weise in Afrika. Zu jeder Zeit kann ein Funke die ganze Welt in Flammen setzen.

«Betet den Rosenkranz», bittet uns Maria an allen Orten, an denen sie erscheint. Viele halten den Rosenkranz wegen der vielen Ave Maria für langweilig. Doch durch die Wiederholung entdecken wir die Erhabenheit der Worte:

«Gegrüßet seist du, Maria, voll der Gnade, der Herr ist mit Dir. Du bist gebenedeit unter den Frauen,
und gebenedeit ist die Frucht Deines Leibes: Jesus.
Heilige Maria, Mutter Gottes, bitte für uns Sünder,
jetzt und in der Stunde unseres Todes, Amen.»

Das «Gegrüßet seist du, Maria» weist auf die Auszeichnung der Gottesmutter vor Gott hin. Im besonderen empfiehlt Maria den gnadenreichen Immaculata-Rosenkranz. Nicht um vergängliche Güter sollen wir zuerst beten, sondern um Gnaden für die Seelen, um Bekehrung der Menschen, um Reinigung der Herzen. Wiederum fordert sie uns auf, durch ihr Unbeflecktes Herz zu bitten. Das Unbefleckte Herz der Gottesmutter vermag alles; Gott wird uns geben, worum wir bitten, wenn dies zu seiner Ehre und uns zum Heile gereicht.

Dieses Bild des Schweizer Malers Jakob Häne zeigt uns Maria als die große Gnadenvermittlerin. Ihre Hände sind die verlängerten Hände von Jesus. Jesu Herz schlägt auf ihrem Herzen und im Einklang mit ihrem Herzen.

Der Dreifaltigkeitshymnus

«Heil Dir, ewiger Herrscher, lebendiger Gott, allzeit Gewesener, furchtbar gerechter Richter, immer gütiger, barmherziger Vater! Dir werde neu und allezeit Anbetung, Lobpreis, Ehre und Herrlichkeit durch Deine sonnengehüllte Tochter, unsere wunderbare Mutter! Amen.

Heil Dir, geopferter Gottmensch, blutendes Lamm, König des Friedens, Baum des Lebens, Du unser Haupt, Tor zum Herzen des Vaters, ewig aus dem Lebenden Geborener, in Ewigkeit mit dem Seienden herrschend! Dir werde neu und allezeit Pracht, Herrlichkeit und Größe, Anbetung und Sühne und Preis durch Deine makellose Gebärerin, unsere wunderbare Mutter! Amen.

Heil Dir, Geist des Ewigen, allzeit Heiligkeit Strömender, seit Ewigkeit wirkend in Gott! Du ewige Feuerflut vom Vater zum Sohn, Du brausender Sturm, der Du wehest Kraft und Licht und Glut in die Glieder des ewigen Leibes. Du ewiger Liebesbrand, gestaltender Gottesgeist in den Lebenden, Du roter Feuerstrom vom Immerlebenden zu den Sterblichen! Dir werde neu und in alle Ewigkeit Pracht und Herrlichkeit und Schönheit durch Deine sternengekrönte Braut, unsere wunderbare Mutter! Amen.»

Die Erscheinung sprach mit Bärbl von persönlichen Dingen. Dann sagte sie:

«Meine Kinder müssen den Ewigen mehr loben und preisen und Ihm danken. Dafür hat er sie geschaffen: zu seiner Ehre.»

Als Maria zu sprechen aufhörte, war sie von einer großen Engelschar umgeben. Sie trugen lange weisse Gewänder, knieten auf der Erde und verneigten sich tief. Sie sangen unvergleichliche Loblieder. Eines von diesen musste Bärbl laut nachsprechen.

Während Pfarrer Humpf und seine Schwester bei ihrer Zwiesprache mit der Erscheinung nichts vernahmen, sondern nur sahen, wie sich ihre Lippen bewegten, hörten sie plötzlich Bärbl deutlich und in fließendem Rhythmus sprechen. Der Pfarrer, der in ihrer Nähe stand, stenographierte ihre Worte mit. Es war der erste Teil des Dreifaltigkeitshymnus.

Hiernach sangen die Engel, was die beiden Zeugen jedoch nicht hören konnten: «Du große Gnadenvermittlerin!», worauf Bärbl für Pfarrer Humpf und seine Schwester wieder vernehmbar «bitte für uns» antwortete und dann mit der zweiten Strophe des Dreifaltigkeitshymnus fortfuhr.

Während der Engel den zweiten Teil des Dreifaltigkeitsgebetes mit den Worten «Du getreue Gnadenvermittlerin!» abschloss, antwortete Bärbl wiederum «bitte für uns!» und sprach dann den himmlischen Gestalten den letzten Teil nach (Eizereif, Seite 43-44).

Jede der drei Strophen beginnt mit den Worten «Heil Dir!» Heil kommt von dem Wort heilig, was soviel wie vollkommen bedeutet. Nur einer ist heilig, Gott. Ihm allein gebührt die Form dieses Grußes. In der Heiligen Messe beten wir beim Sanctus «Heilig, heilig, heilig, bist Du, Gott, Herr der Heerscharen». Die dreimalige Wiederholung des Wortes heilig entspricht der Heiligkeit und Majestät des dreifaltigen Gottes, des Vaters, des Sohnes und des Heiligen Geistes.

Unzählige Male wurde das Wort «Heil» in der nationalsozialistischen Ära durch den Gruß «Heil Hitler» blasphemisch missbraucht.

Heil dem ewigen Herrscher

In der ersten Strophe wird Gott dem Vater gehuldigt, indem seine Einzigartigkeit genannt wird: «Ewiger Herrscher, lebendiger Gott, allzeit Gewesener, furchtbar gerechter Richter, immer gütiger, barmherziger Vater!» Gott, der Lebendige, herrscht in Ewigkeit. Zweimal wird seine Ewigkeit betont: als ewiger Vater und als allzeit Gewesener. Ewig bedeutet ein Sein ohne Anfang und Ende, das nur Gott besitzt. Durch seine Ewigkeit steht Gott auf einer dem Menschen, seinem Geschöpf, unzugänglichen Seinsstufe; denn durch die Erbsünde ist der Mensch sterblich geworden.

Gott hat in seiner Güte die Rettung des Menschen beschlossen durch das Opfer seines Sohnes Jesus Christus. Der mit freiem Willen ausgestattete Mensch hat die Wahl: Gott anzubeten, ihn zu lieben, oder sich gegen ihn zu erheben, ihn abzulehnen, sich ihm gegenüber gleichgültig zu verhalten. Denen, die sich selbst vergotten bis zuletzt, ist Gott ein furchtbar gerechter Richter.

Beispiele für Gottes Richtergewalt bringt das Alte Testament zur Genüge. Doch bleibt Gott immer der gütige und barmherzige Vater. Jederzeit nimmt er seinen verlorenen Sohn, seine verlorene Tochter auf, denn er vernimmt das leiseste Flehen des Sünders, auch wenn dessen Sünden rot sind wie Scharlach. «Ihm werde neu und allezeit Anbetung, Lobpreis, Ehre und Herrlichkeit durch seine sonnenumhüllte Tochter, unsere wunderbare Mutter.»

Unsere Sprache hat nicht genug Worte, die Einzigartigkeit Gottes zu preisen, doch jedes Lob Gottes, das wir stammeln, ist neu und einmalig, wenn wir ihm unseren Lobgesang durch Maria übergeben, die «Frau, umkleidet mit der Sonne» (Offb 12,1).

Die Engel singen: «Du große, du getreue Gnadenvermittlerin», worauf Bärbl antwortet: «Bitte für uns.»

Das blutende Lamm

In der zweiten Strophe richtet sich der Heilsgruß an Christus. Er ist das blutende Lamm, geduldig bis zum Tod am Kreuz; der geopferte Gottmensch, der die für uns unüberbrückbare Kluft zwischen Gott und den Menschen, entstanden durch die Sünde unserer Stammeltern, durch sein Opfer überwunden hat. Nicht mehr Knechte sind wir wie im Alten Bund, sondern Kinder Gottes. Christus sagt: «Ich nenne euch nicht mehr Knechte, sondern Freunde, wenn ihr tut, was ich euch sage» (Joh 15,15).

Dann folgen Anrufungen, die Christi Einzigartigkeit beschreiben: Baum des Lebens; Du, unser Haupt; Tor zum Herzen des Vaters.

Die Kirche betet in der Karfreitags-Liturgie: «Crux fidelis...» – «Treues Holz, vor allen Bäumen einzig du an Ehren reich; denn an Zweigen, Blüten, Früchten ist im Wald kein Baum dir gleich...»

Das Kreuz Christi ist der mystische Baum. Die Wurzeln des mystischen Baumes werden durch Christi Blut gespeist.

Auch wir, seine «Zweige, Blüten und Früchte» sind aus seinen Leiden hervorgegangen. Weiter preist der herrliche Karfreitags-Hymnus «Pange lingua»:

«Trauernd ob des ersten Menschen
Überlistung, hatte Gott,
Als der Biss des Sündenapfels
Uns gestürzt in Todesnot,
Schon den Baum gezeigt, der Sühnung
Für des Baumes Schulden bot.»

«Christus wird unser Haupt genannt. ... Gott hat ihn seiner Kirche zum Haupt gegeben» (Eph 1,22); «Er ist das Haupt seines Leibes, der Kirche» (Kol 1,18); «Er ist das Haupt aller Mächte und Gewalten» (Kol 2,10).

So sehen wir, dass diese Anrufungen ganz biblisch sind. Besonders bildhaft ist die Aussage: «Christus, das Tor zum Herzen des Vaters.» Erinnern wir uns an das Adventlied: «Denn verschlossen war das Tor, bis der Heiland trat hervor.» Und Jesus sagt: «Ich bin die Tür; wer durch mich hineingeht, wird gerettet werden» (Joh 10,9). Seitdem der römische Soldat mit seiner Lanze die Seite Christi durchbohrt hat, ist das Tor zum Herzen des Vaters offen für alle, die Gott angehören wollen.

«Ewig aus dem Lebenden Geborener, in Ewigkeit mit dem Seienden herrschend.» «Er ist aus dem Vater geboren vor aller Zeit ...»

«Und seines Reiches wird kein Ende sein» (Credo).

«Ich habe Dich gezeugt noch vor dem Morgenstern» (Ps 110,3).

«Ich bin die Wurzel und der Stamm Davids, der strahlende Morgenstern» (Offb 22,16). «Noch ehe Abraham ward, bin ich» (Joh 8,58). Unter dem Lebenden und Seienden ist eindeutig der Himmlische Vater gemeint. Christus herrscht mit dem Vater in Ewigkeit. «Ewig aus dem Lebenden Geborener» bezieht sich auf das Verhältnis des

Vaters zum Sohn. Der Sohn geht aus dem Vater hervor; die Unterscheidung von Vater und Sohn ist ewig. Wir Menschen, die im Zeitlichen leben, können uns unter einem ewigen Hervorgehen nichts vorstellen. Doch soviel wissen wir: In Gott werden wir einmal das Geheimnis schauen.

Die Engel preisen Christus: «Dir werde neu und allezeit Pracht, Herrlichkeit und Größe, Anbetung, Sühne und Preis durch Deine makellose Gebärerin, unsere wunderbare Mutter! Amen!» Wie beim Vater, wird auch der Lobgesang für Christus, sei es durch Engel oder Menschen, durch Maria dargebracht. In Beziehung zu Christus ist Maria die makellose Gebärerin, seine Mutter. Im Lichte des Ewigen bedeutet «allzeit neu» das immerwährend Unverbrauchte, immer Frische, wie bei einem ersten Eindruck.

Maria ist die dreimal wunderbare Mutter, die der Seligen im Himmel, der Armen Seelen im Reinigungsorte, und die der Menschen hier auf Erden. Weil wir unfähig sind, richtig zu beten und Gott zu preisen, so legen wir unsere Gebete und Opfer in die Hände Mariens, damit sie diese gereinigt emportrage zur Heiligsten Dreifaltigkeit. Die Engel schließen den zweiten Teil des Dreifaltigkeitshymnus mit den Worten ab: «Du getreue Gnadenvermittlerin.» Bärbl spricht die Worte: «Bitt für uns!»

Lob dem Heiligen Geist

Das dritte «Heil Dir» gilt dem Heiligen Geist, der von Ewigkeit zu Ewigkeit in Gott wirkt. Hier stehen wir vor dem größten Mysterium des Christentums, dem Geheimnis des innergöttlichen Lebens. Nur durch Bilder lässt sich eine winzige Spur dieses Geheimnisses erahnen.

Der Heilige Geist wird angerufen als «Geist des Ewigen, allzeit Heiligkeit Strömender, seit Ewigkeit wirkend in Gott.»

Die Kraft der Bilder gleicht jener der Musik: Unsagbares zu erfassen mit jenem Teil der Seele, der nach Gott verlangt. Gott ist der ewig Heilige, der immerwährend Gute, dem nichts mangelt. Nimmt nicht ein Strom jedes kleinste zufließende Gewässer in sich auf? So wird Gott die Tautropfen unserer winzigen Heiligkeit in seine große Heiligkeit aufnehmen.

Das nachfolgende Bild «Du ewige Feuerflut vom Vater zum Sohn» erweckt tiefe Sehnsucht. Wasser und Feuer verbinden sich im Wort Feuerflut. Christus, der aus dem Vater hervorgeht, ist gleich dem Vater an Kraft und Herrlichkeit. Mit unvorstellbarer Gewalt flutet das Feuer der Liebe vom Vater zum Sohn. Da die Liebe auf Gegenseitigkeit beruht, lässt sich annehmen, auch vom Sohn zum Vater.

Mit immer neuen Bildvergleichen lobsingen die Engel ihrem Gott: «Du brausender Sturm.» Die Gewalt des Sturmes wird durch das Beiwort «brausend» erhöht und verstärkt zur unvorstellbaren Gewalt des göttlichen Geistes. Von dem brausenden Sturm wird ausgesagt: Er wirkt Kraft und Licht und Glut in die Glieder des ewigen Leibes. Wundersames Geheimnis der Dreifaltigkeit, unendlich und ewig in seiner Schöpferkraft des Vaters, voll des Lichtes des göttlichen Sohnes, so wie die Glut der Liebe des Heiligen Geistes, die aufs engste vereinigt.

«Du roter Feuerstrom vom Immerlebenden zu den Sterblichen.» Der Dreifaltige Gott ist der immer Leben-

---

Das Marienfriedhaus Berg Tabor, eingeweiht am 4. April 1988 von Msgr. Jakob Eberle.

de, wir Menschen sind die Sterblichen. Hier auf Erden dürfen wir schon die Gnade Gottes erfahren, den roten Feuerstrom seiner Liebe zu uns Menschen. Zum ersten Mal wird eine Farbe genannt: rot.

Rot ist das Blut Christi, das der Sohn Gottes für unsere Sünden vergossen hat. Rot sind die feurigen Zungen des Heiligen Geistes, das Pfingstwunder, das die Apostel erlebt haben. Rot ist das Blut der Märtyrer, die, erfasst von der Kraft des Heiligen Geistes, ihr Leben für Gott hingegeben haben.

Im letzten Bild wird der Heilige Geist als der Geist Gottes gepriesen: «Dir werde neu und in alle Ewigkeit Pracht und Herrlichkeit und Schönheit durch Deine sterngekrönte Braut, unsere wunderbare Mutter.» Weil sie unsere Mutter ist, will sie, dass auch wir dereinst in Gott schauen das Wunder Seiner Herrlichkeit.

«Neu und in alle Ewigkeit» drückt den Wunsch aus, dass in alle Ewigkeit aufs Neue Pracht, Herrlichkeit und Schönheit dem Heiligen Geist werde; «neu» wiederum verstanden als Merkmal der Ewigkeit, ohne jede Abschwächung oder Ermüdung in vollendeter Frische.

Beständig werde Pracht, Herrlichkeit und Schönheit dem Heiligen Geist dargebracht durch seine sternengeschmückte immerwährende Braut, unsere wunderbare Mutter.

Gedenkstein für Pater Josef Kentenich, den Gründer der Schönstattfamilie, der 1946 die geradezu prophetische Jahresparole herausgegeben hat: «Descendat Maria, ut fiat Germania sancta mariana (Maria, steige herab, dass Deutschland ein heiliges marianisches Reich werde).»

Noch vor sechs Jahren

Noch vor sechs Jahren hatte Bärbl die Frau als eine aus der Gegend angesehen. Aufgefallen war ihr nur die Reinheit ihrer Gesichtszüge, die sie nie vorher an einem Menschen wahrgenommen hatte. Die erste Erscheinung hatte Bärbl im Innersten aufgewühlt. Die Frau war also wirklich gekommen, wie sie es versprochen hatte. Bei der zweiten Erscheinung war Bärbl geblendet von ihrem Glanz, so dass sie wegschauen musste. Sie ertrug den Glanz nicht. Bei der dritten und letzten Erscheinung geschah in Bärbl selbst das Wunder: Jetzt hielten ihre Augen den Glanz aus. Sie nahm jetzt die Gesichtszüge der Gottesmutter wahr: Ergreifende Liebe und Schmerz spiegelten sich in ihrem Antlitz wider. Nie ist ein Gesicht anziehender, als wenn sich diese beiden Gefühle in einem Gesicht abzeichnen. Nicht abwenden konnte Bärbl ihre Blicke von diesem Antlitz.

Die Mutter klagte: Sie sei selbst von ihren Kindern verlassen. Als gebetet wurde, erglühte die Erscheinung im Licht. Eine dreifache und so mächtige Strahlenkrone wuchs über ihrem Haupt empor, so dass diese das Firmament bedeckte. Als die Gottesmutter segnete, wurde die Natur ringsum in einen überirdischen Glanz getaucht; die Strahlen gingen gleichsam durch Bäume und Sträucher hindurch und hinauf in den Himmel. Bärbl wusste nur eines: Diese ist wahrhaftig die Mutter des Heilands.

In der Pfarrei Pfaffenhofen hinterließ das ungewöhnliche Geschehen seine Spuren: 16 Mädchen weihten sich beim Bildstock der Dreimal Wunderbaren Mutter. Bärbl eilte jeden Tag zur Erscheinungsstätte, von unvorstellbarer Sehnsucht getrieben. Würde dies immer so bleiben?

Oft glaubte sie, eine Sündenlast zu tragen, die ihre Kraft überstieg. Das geschah immer dann, wenn sie für Arme Seelen betete. Dann überwältigte sie Gottesferne. Schritt um Schritt tastete sie weiter. Manchmal glaubte sie, sie sei verdammt. Es war für sie schwer zu glauben: Auch die größte Gottverlassenheit ist Liebe. Hatte nicht Christus sterbend ausgerufen: «Mein Gott, mein Gott, warum hast du mich verlassen?»

Ein einziger Sachverständiger

Am 27. Mai 1947 beauftragte Bischof Kumpfmüller den Jesuiten P. Heinrich Bleienstein mit der Untersuchung der Erscheinungen. Er war der einzige Sachverständige, der eine umfassende Untersuchung leiten sollte. Gewöhnlich werden drei bis fünf Sachverständige hinzugezogen.

Zum Beispiel bestellte der Bischof von Tarbes im Falle Lourdes neun Mitglieder, einen Vizepräsidenten und einen Präsidenten, ausserdem ordnete er sofortigen Arbeitsbeginn an. So erreichte er, dass Lourdes nach fünf Jahren von der Kirche anerkannt wurde. Wie aber sollte eine Ein-Mann-Kommission ein medizinisches, psychiatrisches, psychisches, sowie theologisches Gutachten erstellen?

Am Pfingstdienstag 1947 besuchte der Jesuitenpater Pfarrer Martin Humpf ein erstes Mal. Mit viel Schwung ging er an seine Aufgabe heran. Eine Woche später führte er mit Bärbl ein ausführliches Gespräch in Günzburg, das zur vollen Zufriedenheit ausfiel. Der Fall schien sich trotz anfänglicher Schwierigkeiten gut zu entwickeln. Der Widersacher jedoch sorgte weiterhin für Wirbel und Intrigen.

Bärbl empfängt die Stigmata

Schwer und tief wie das Meer

Bärbl hatte in verschiedenen Berufen ihr praktisches Talent bewiesen: Nach der Mittleren Reife hatte sie ein Jahr lang im Haushalt eines Brauereibesitzers gearbeitet, anschließend im Betrieb ihres Vaters und ein weiteres halbes Jahr als Straßenbahnschaffnerin in München, um den «Reichsarbeitsdienst» zu leisten. Dann kehrte sie in den elterlichen Betrieb zurück. Jetzt aber war sie aushilfsweise im Pfarrhaus Pfaffenhofen beschäftigt; 1947 und 1948 arbeitete sie auf dem Pfarreibüro. Sie wollte sich als Pfarrhelferin ausbilden lassen. Der Pfarrer bestätigte des öfteren, er könne sich keine bessere Pfarrhelferin vorstellen, man könne Bärbl alle Arbeiten anvertrauen.

Nach wenigen Wochen klagte sie über Schmerzen an Händen und Füßen sowie an der Herzseite. Es war ihr, als steckten Fremdkörper an diesen schmerzenden Stellen; ein Zerren ging von den Händen aus und griff auf die Arme über. Am heftigsten schmerzte sie die Herzseite. Der Pfarrer vermutete ein Sühneleiden, besonders, als sie über Gottverlassenheit klagte.

Die größten Gnaden verlangen die größten Opfer, hatte ihr die Gottesmutter gesagt. Dies ist leicht zu verstehen, denn schon im rein Natürlichen erfährt äusserstes Glück oft einen Rückstoß in den Schmerz.

Bärbl hatte eine hohe Auszeichnung empfangen, den Anblick der Gottesmutter. Es drängte sie, Gott alles zu geben, auch das Äusserste. Wie sonst konnte sie ihren Dank, ihre Liebe ausdrücken. So geschah es: Sie wuchs hinein in das Leiden Christi. Die schmerzhaften Stellen

Bärbl zur Zeit des Stigmatisation. Der Wundmale wegen hält sie die Hände verbunden. Ihr Gesichtsausdruck verrät große Schmerzen.

an ihren Füßen brachen am 21. Februar 1947 zum ersten Mal auf; sie bluteten. Nur mit Mühe konnte Bärbl gehen und stehen. Eine Woche später zeigten sich deutlich Zeichen von Stigmen. An ihren Händen schien etwas zu reissen, zu zerren, ein bohrender Schmerz zog sich die Arme hinauf. Am zweiten Fastenfreitag konnte sie ihre Leiden vor den Hausgenossen, dem Pfarrer, Anna, sowie deren Tante Anna Schneele, nicht mehr verbergen. Jetzt blutete auch die Seite. Mit Schrecken entdeckte sie, was ihr geschah. Nur widerstrebend gab sie dem Pfarrer das Geheimnis preis. Anna Humpf fragte sie besorgt: «Bärbl, du hast was. Sage es uns.» Bärbl erwiderte: «Ich kann es nicht. Bis jetzt hielten mich die Leute wegen der Erscheinung für verrückt – und jetzt noch das!» Seelisches Leid, wie Teilnahme an der Passion Christi kamen hinzu. An den Händen bildeten sich scharfe Dreieckzeichen; die Passionsekstase war von schwersten Depressionen und Leiden begleitet. Nachts sah sie Arme Seelen. Am Schmerzensfreitag drückte sich das Blut von den Dreieckszeichen der Hand heraus, die Haut im Umkreis zog sich zusammen, scharf zeichneten sich die Stigmen ab, doch bluteten sie noch nicht. Mit äusserster Willenskraft hielt sich Bärbl aufrecht. Als auch die Stigmen der Hände bluteten, brach sie ohnmächtig zusammen. Schon zeigten sich die ersten Anzeichen der Passionsekstase: Krämpfe erschütterten ihren Körper so, dass sie sich im Bett emporwarf. Plötzlich wurden die Arme auseinandergerissen, die Füße übereinandergelegt. Die Wunden bluteten, besonders stark die Herzwunde.

Als sie das Bewusstsein wiedererlangte, hörten die Umstehenden ihre Worte: «Gott, mein Gott, hast du mich ganz verlassen? Gott, wo bist du?» Dieser Zustand hielt bis in den Nachmittag an, dann lag sie wie im Todeskampf. Die Arme blieben jetzt ausgespannt, Schmerzen durchschüttelten sie, ihre Lippen zeigten blutige Risse. Als man ihr Wasser einflößen wollte, konnte sie es nicht schlucken. Gegen 15 Uhr bot sie den Anblick einer Sterbenden. Sie röchelte, ihr Kopf sank hinunter, sie lag da wie eine Tote. Eine Viertelstunde später richtete sie sich auf, stöhnte, presste die Hände wie in Abwehr aneinander, ihr Körper sank zusammen. So lag sie in schwersten Schmerzen bis 15 Uhr, stand dann um 16 Uhr auf und ging zur Arbeit. Endlich war ihr wieder licht ums Herz.

Herr, dein Wille geschehe

In der Nacht von Donnerstag auf Freitag erschien ihr der Engel der großen Gnadenvermittlerin. Er legte ihr die Hand auf die Stirn. «Herr, Dein Wille geschehe!», betete er. «Mach dich bereit, am Karfreitag musst du weit fort.» Sie erwähnte ihre Schmerzen und dass sie so stark blute, doch der Engel beruhigte sie. «Wohin muss ich?», fragte Bärbl. «Das zu wissen, steht dir nicht zu.» «Was muss ich mitnehmen?» «Du wirst ganz allein sein», sagte der Engel. «Du sollst bis dahin viel beten! In der Nacht vom Gründonnerstag zum Karfreitag sollst du im Pfarrhaus übernachten.» Als sie Pfarrer Martin Humpf davon berichtete, glaubte er, dass sie sterben müsse. Deshalb bat er sie, ihr Testament zu machen und sich innerlich vorzubereiten.

Gott, wo bist Du?

Am Gründonnerstag gegen 14 Uhr war Bärbl mit Pfarrer Humpf und Anna beim Bildstock. Ab 17 Uhr wartete sie auf das, was ihr der Engel angekündigt hatte. An erschreckenden Angstzuständen litt Bärbl um 22 Uhr. Sie begab sich in die Kirche; da sie auch dort keinen Trost fand, ging sie wieder ins Freie. Ihre Angst blieb dieselbe.

Erst nach Ostern erfuhr der Pfarrer von dem, was Bärbl erlebt hatte: Am Abend vor dem Karfreitag war sie zunächst unten im Kirchenschiff, dann im Chor. Sie dachte beständig: Du wirst sterben, wirst verdammt, Gott hilft dir nicht. Die Leute beten, du kannst es nicht. Sie kehrte in ihr Zimmer zurück, doch noch einmal begab sie sich in die Kirche zur heiligen Stunde. Nach Mitternacht heimkehrend, verabschiedete sie sich von Pfarrer Humpf und seiner Schwester. Der Brief, den sie in der Tasche trug, sollte erst am nächsten Tag geöffnet werden.

Eine Stunde nachdem sie sich niedergelegt hatte, fiel sie in Ekstase. Der Pfarrer rief sie mit Namen an, sie antwortete nicht. Anna, die Bärbl beobachtete, sagte am nächsten Tag, Bärbl habe einen äusserst unruhigen Schlaf gehabt. Am Karfreitag um sechs Uhr morgens begab sich der Pfarrer ins Zimmer von Bärbl.

Er fragte, wo sie denn gewesen sei und was sie gesehen habe, antwortete sie: «Der Heiland stand vor einem großen Mann. Es waren noch viele andere da, ein wildes Durcheinander von Menschen, die den Heiland anklagten. Der Heiland stand ganz ruhig da, ohne etwas zu sagen.» Im Gegensatz zum Vorabend befand sich Bärbl in einem Zustand abgeklärter Ruhe und Gelassenheit. Ihr Blick, ihre Worte und Gebärden waren so vergeistigt und edel, von einer (so) unsagbaren Güte geprägt, als wäre in ihr der Heiland selbst gegenwärtig» (Eizereif, Seite 50).

Bärbl fiel in den vorigen Zustand zurück. Während des Karfreitags-Gottesdienstes war sie wieder in Ekstase. Es erfolgten zwar keine Blutungen mehr, aber ihre Krämpfe waren so heftig, dass sie den Leib durchzuckten. In Abständen von jeweils 15 Minuten streckte sie ihre Arme aus, ihre Händen waren nach innen gebogen, ihre Füße lagen übereinander gepresst. Sie seufzte: «Herrgott, wo bist Du? Oh Vater!»

Gegen 13 Uhr waren die Zeugen ihres Leidens erschüttert. An den gewaltsam empor gerissenen, verkrampften Armen erkannten sie, dass Bärbl die Kreuzigung erlebte. Um ihren Durst zu stillen, flößten sie ihr Wasser ein, das sie sofort heraushustete. Immer kürzer wurde ihr Atem wie bei Sterbenden. Schließlich ein leises Aufflakkern, dann erschlaffte der Körper. «Hat sie ausgelitten?», fragten sich die Zeugen ihrer Passion. Pfarrer Humpf, seine Schwester Anna, ihre Tante Lorle Spiegler und Anna Schneele.

Eine Viertelstunde später bäumte sich ihr Körper noch einmal auf. Sie presste die Hände auf die Brust, dann sank sie zusammen. Eine verklärte Ruhe zeigte sich auf ihrem Gesicht. Sie lag vollkommen bewegungslos da; ohne das leiseste Atemgeräusch bot sie das Bild einer selig Entschlafenen. In diesem Zustand verbrachte sie den Karfreitag.

Er ist auferstanden

Am Karsamstag Vormittag streckte sie die Hände gegen den Pfarrer aus, eine Gebärde, die verriet, dass sie sich nach dem Empfang der heiligen Hostie sehnte. Während der Kommunionspendung richtete sie ihre Augen auf die Hostie; mit verklärtem Gesichtsausdruck fiel sie zurück in den Zustand der Bewusstlosigkeit.

In der Osternacht aber zwischen vier und fünf Uhr morgens stand sie eilends und voll Freude auf. «Der Heiland ist auferstanden», rief sie Anna und der Tante entgegen, «er hat uns so lieb». Zum Pfarrer sagte sie später: «Oh, Herr Pfarrer, freuen Sie sich doch, der Heiland lebt, er stirbt nicht mehr.»

Wallfahrt nach Rom und Assisi 1950

Erst drei Jahre später, im Heiligen Jahr 1950, als Bärbl anlässlich einer Romreise auch nach Assisi kam, betete sie am Grab des hl. Franziskus, er möge ihr doch helfen, dass ihre Stigmen nicht mehr sichtbar würden.

In Rom hatte Bärbl ein seltsames Erlebnis. Sie stand in einer Menschenmenge in der Peterskirche, wo man die Ankunft von Papst Pius XII. erwartete. Als er dann kam, begrüßte er das Volk, sah mitten unter den vielen Leuten Bärbl, und – als ob er sie kenne –, ging er auf sie zu. Er fragte sie, wer sie sei, welchen Beruf sie habe und aus welcher Gegend Deutschlands sie komme. Dann entfernte er sich wieder.

Was war ihm an Bärbl aufgefallen, dass er mit ihr redete? Die Reinheit ihres Gesichtes, oder irgendein Merkmal, das er, der nach Heiligkeit Strebende, an ihr erkannt hatte?

So schloss sich der Kreis: Pius XII. war nach der Papstweissagung des heiligen Malachias der «Pastor angelicus – der engelgleiche Hirte». Für ihn zu beten hatte ihr der Engel einst aufgetragen. Wie lebhaft dachte sie daran, so als wäre es gestern gewesen. Jetzt hatte er mit Bärbl gesprochen.

Nach ihrer Heimkehr waren dort, wo die Stigmen gewesen waren, nur mehr Narben zu sehen.

Die Entführung durch Satanisten

Ein Mann, vor dem ihr graute

Ein Jahr später – Bärbl besuchte damals die Katechetenschule in München – wurde sie auf der Straße von einem Mann angesprochen, der aus einem Wagen gestiegen war: «Sind Sie Fräulein Ruess?» Als sie die Frage bejahte, öffnete er einladend die Wagentür: «Mich schickt Pater Bleienstein, er hat Wichtiges mit Ihnen zu besprechen.» Der Jesuitenpater Heinrich Bleienstein war, wie später ausführlich berichtet wird, mit der Untersuchung der Erscheinungen betraut.

Bärbl war im Begriff einzusteigen, als sie auf dem rückwärtigen Sitz einen Mann entdeckte, vor dem ihr graute. Sie schlug die Wagentüre zu und schrie mit resoluter Stimme: «Nein, ich fahre nicht mit!» So schnell sie konnte, ohne sich umzudrehen, lief sie über Plätze und durch Gassen, gelangte endlich zu ihrem Wohnheim, eilte die Treppe hoch in ihr Zimmer und verriegelte es. Wild pochte ihr Herz. Untätig starrte sie so lange aus dem Fenster, bis sie sich beruhigt hatte. Was hatte sie eigentlich an dem Mann so entsetzt? Seit Jahren verabscheute sie Menschen, die in der Todsünde lebten; dieser Mann aber gehörte zu den schlimmsten. Mit Schaudern erinnerte sie sich an sein zynisches Grinsen, an seinen stechenden Blick.

Wie konnte Pater Bleienstein nur auf die Idee kommen, sie von Unbekannten abholen zu lassen? Sie schrieb ihm sofort einen Brief, auf den er postwendend antwortete, er wisse von nichts. Die Angst schnürte ihr die Kehle zu. Was würde sie noch erleben? Als sie acht Tage vor dem

Karfreitag auf dem Münchner Bahnhof eine Fahrkarte nach Pfaffenhofen löste, bemerkte sie, dass derselbe schreckliche Mann in einer Entfernung von fünf Metern vor ihr stand, lässig eine Zigarette rauchend, während er sie fortwährend anstarrte. Mit der Fahrkarte und dem Wechselgeld in der Hand wollte sie vor ihm fliehen zu ihrem Bahnsteig, doch auch dort tauchte er auf und folgte ihr nach ins Abteil. Es nützte nichts, als sie das Abteil wechselte – er kam ihr nach. Erst in Ulm verließ er mit ihr den Zug. Im Gewühl des Ulmer Bahnhofs konnte sie endlich untertauchen. Wenn sie nur diese Begegnung vergessen könnte!

Am Gründonnerstag 1948 ging sie mit den Bewohnern des Pfarrhauses zur Abendmesse, doch wurde ihr während des Gottesdienstes schlecht. Zum Pfarrhaus zurückkehrend, begegnete sie einer Frau, die soeben aus ihrem Auto gestiegen war. Die Dame erkundigte sich nach dem Weg nach Marienfried. Bereitwillig erklärte ihr Bärbl den Weg. Ob sie nicht mitfahren wolle, fragte die Frau; in der Dunkelheit finde man sich nicht zurecht.

«Ich sagte zu», schildert Bärbl in ihrem Entführungsbericht, «ging ins Haus, holte ein Kopftuch und schrieb auf einen Zettel: ‹Bin mit jemand im Auto nach Marienfried. Legt bitte den Schlüssel (an die übliche Stelle)! Bärbl.›»

Nachdem sie hinten ins Auto eingestiegen war, fuhr die Frau nicht etwa über die Straßenkreuzung nach Marienfried, sondern bog nach links in Richtung Nersingen ab, hielt am Friedhof noch einmal kurz an, um einen dort wartenden Mann einsteigen zu lassen, in dem sie jenen Fremden erkannte, der ihr vor kurzem vom Bahnhof München bis Ulm im Eisenbahnzug gefolgt war.

Mehrere energische Proteste gegen die Weiterfahrt wurden ignoriert und die Fahrt ins Ungewisse ging in rasendem Tempo bei seitlich und hinten zugezogenen Vorhängen weiter.

Bärbl schildert hierüber: «Ich konnte mich zuerst mit meiner Lage nicht abfinden, ergab mich aber (bald in mein Geschick), weil der innere Druck (auf Grund der stärker werdenden mystischen Leiden) größer wurde als die Angst wegen der Entführung. Dadurch kam mir meine schlimme Lage gar nicht voll zu Bewusstsein. Als das Auto nach einigen Stunden – ich hatte inzwischen fünf Rosenkränze gebetet – hielt, trugen sie mich hinaus, weil ich (durch das Leiden) nicht mehr imstande war, zu gehen. Ich war ganz erschöpft. Der schon beschriebene und ein jüngerer Mann (brachten) mich in ein Haus, ohne (dabei) etwas zu sagen. Der Raum, in dem man mich auf den harten Betonboden legte, war sehr kalt; er kam mir wie ein Keller ohne Fenster vor.

Auch hier ist dein Herrgott

Eine Zeitlang muss ich wohl bewusstlos gewesen sein. Als ich wieder zu mir gekommen war, sah ich einige Männer (um mich) herumstehen. Sie unterhielten sich teils in fremder, teils in deutscher Sprache miteinander... Andere standen (etwas weiter) hinten und zählten Geld. Als diese merkten, dass ich erwacht war, (traten sie näher) und beobachteten mich. Dann kam einer mit einem Buch, entnahm ihm Hostien und sagte: ‹Du kannst ruhig bei uns bleiben, da ist der Herrgott auch!› Er spuckte die Hostie an, worauf eine Frau herbeikam, die Hostien (zwischen den Fingern) zerrieb und (die feinen Teilchen) wegblies. Dabei spottete sie: ‹Das ist dein Gott!› Hiernach ließ der Mann wieder Hostien (aus dem Buch auf die Erde) fallen, wovon ein Hund einige auffraß... Ich versank (bei diesem schrecklichen Anblick) in Bewusstlosigkeit; (denn) ich spürte, dass es konsekrierte Hostien waren. Ihre Verunehrung tat mir entsetzlich weh.

Beim Erwachen standen wieder andere um mich herum. Sie entkleideten mich, streckten dann meine Arme aus und brachten eine elektrische Leitung mit zwei (von innen) beleuchtbaren Platten herbei. Diese befestigten sie an meinen Händen und Füßen und drückten dann an ihnen herum, schlugen auf sie und hielten sie gegen das Licht. Das Greifen an Händen und Füßen schmerzte sehr. An der Seite(nwunde) taten sie nicht viel, sie waren dabei sehr vorsichtig. Gesprochen wurde kein Wort.

Im ekstatischen Zustand (in den ich hierauf wieder fiel) erlebte ich das Gleiche wie im Vorjahr, die Passion des Herrn. Hierbei war mein eigenes Ich ganz ausgelöscht. Ich war ganz im Heiland.

Beim Erwachen hörte ich, wie ein Mann – eine Hostie in der Hand – furchtbar über sie lästerte. Er ... sprach in einer abgehackten Redeweise, war dick und hatte schwarzes Haar. Während der Lästerungen entstellte sich sein Gesicht. Ich empfand furchtbaren Schmerz über dieses Verhalten, versank aber darüber wieder in Bewusstlosigkeit. Als ich zu mir kam, hörte ich vor der Tür Geschrei. Decken wurden hereingebracht, Männer und Frauen – in schamloser Kleidung – kamen herein und trieben schreckliche Sachen, wobei sie johlten und schrien. Lange trieben sie es so. Hierbei wurden viele – lauter konsekrierte, hellaufleuchtende – Hostien in unvorstellbarer Weise geschändet. Sie standen alle um mich herum. Das war furchtbar. Der zwischen den Leuten umherlaufende

Hund fraß die hinuntergefallenen Hostien auf. Ich war (körperlich) so schwach, dass ich mich gar nicht wehren konnte. Als ein Teil einer Hostie neben mich fiel, kommunizierte ich (diesen Hostienpartikel). Das gab mir Kraft, und ich (hoffte damit) dem Heiland (ein wenig) Abbitte zu leisten. Dem Hund, der die Hostien gefressen hatte, gab man dann ein Brechmittel, so dass er alles, was er zu sich genommen hatte, wieder ausbrach. Es war fürchterlich! Nach Beendigung dieser Frivolitäten legten sich alle auf die Decken und schliefen – schwer betrunken – ein. Vorher hatte man einen elektrischen Heizofen hereingestellt, der den Raum ziemlich warm machte. Auch ich bin dann eingeschlafen.

Als ich erwachte, waren keine Leute mehr da. Karfreitag muss schon vorbei gewesen sein; denn mir war von innen her ganz leicht (ums Herz). Ich fühlte keine körperlichen Schmerzen mehr. (Kaum hatte ich mich wieder einigermaßen zurechtgefunden), sah ich (aufs Neue) fürchterliche Weiber hereinkommen, die mit Hostien in Händen (schimpften und) fluchten. Eine von ihnen war besessen. Sie warf die Hostien auf den Boden und trat darauf. Andere hörte ich miteinander handeln und Geldgeschäfte machen. Sie hatten Akten bei sich und sahen mich (beim Vorbeigehen verwundert) an.

Neu hinzukommende Männer und Frauen fühlten sich (anscheinend) unsicher und bekleideten mich wieder. Dann fütterten auch sie (einen) Hund mit Hostien. Eine ließen sie übrig und sagten zu mir: ‹Wenn Du sie nicht – in (dieses) Gift (getaucht) – konsumierst, geben wir sie ebenfalls dem Hund.› Ich entgegnete: ‹Gebt sie mir!› ‹Du glaubst wohl nicht, dass das Gift ist?›, fragten sie (höhnisch) und träufelten einer (herbeigeholten) Katze etwas von dieser Flüssigkeit ein, worauf diese sich zusammenkrampfte und tot umfiel. Hierauf habe ich die mit Gift getränkte Hostie zu mir genommen.

Alle standen da, starrten mich an und warteten auf die Wirkung. Als es mir nichts ausmachte, gingen sie bis auf einen hinaus. Der sagte (ganz entsetzt) zu mir: ‹Das kann nicht sein! Ich spüle dir (sofort) den Magen aus. Atme einmal tief (und achte darauf), ob du (wirklich) nichts spürst.›

Ich wehrte mich und gab ihm zur Antwort: ‹Ich habe kommuniziert und lasse mir deshalb nicht den Magen ausspülen!› Er blieb längere Zeit bei mir und als ich wieder aus einem Schlaf erwachte, kam er zu mir und fragte nach meinem Befinden. ‹Gut!› sagte ich, worauf er mich bat, still zu sein, er wolle mich nach Hause bringen, ich möchte Gott bitten, dass es gelinge.

Nach einer Weile trug er mich hinaus ins Auto, das nicht weit weg stand. Der Mond ging gerade auf. Im Auto warnte er mich dringend, etwas von all dem Erlebten zu sagen, sonst lebte ich 24 Stunden später nicht mehr. Auf seine Frage, wohin er mich bringen solle, bat ich, nach Marienfried gebracht zu werden. In ein Haus wollte er mich – wie er sagte – nicht bringen, weil er damit rechnete, ich würde (wegen der konsumierten vergifteten Hostie) unterwegs sterben. Während der Fahrt schlief ich ein.

(In Pfaffenhofen angekommen, weckte er mich) und fragte: ‹Wohin soll ich dich nun bringen?› ‹In die Kapelle›, erwiderte ich, ‹in die kommt nachts niemand und am Morgen wird mich schon jemand finden!›

Nachdem er mich dorthin gebracht hatte, schlief ich wieder ein. Etwa eine halbe Stunde, bevor die Osterglokken in Pfaffenhofen zu läuten begannen, wachte ich auf. Es war mir genauso froh ums Herz wie im Jahr vorher (1947). Ich kann den Jubel und die Freude (über die Auferstehung des Herrn) nicht schildern. Alles Schwere, Traurige, Schmerzliche und Dunkle war völlig verschwunden.» (Bärbls Entführungsbericht ist entnommen der Schrift: Martin Humpf, Bericht über die Stigmatisation von Bärbl R., Pfaffenhofen in: Eizereif, S. 53-56.)

Der Vater hatte am Karfreitag die Polizei über Bärbls Verschwinden informiert. Pfarrer Humpf und seine Schwester Anna hatten sich die ganze Zeit um Bärbl gesorgt. Nun wanderten sie nach Marienfried, um dort die Osterlichter anzuzünden. Auf dem Weg dorthin kam ihnen Bärbl entgegen. «Wo waren Sie?», fragte der Pfarrer. «Wir haben uns so um Sie gesorgt.» Noch wollte sie nicht davon sprechen. Erst später erzählte sie darüber dem Pfarrer und bat um strengstes Stillschweigen.

Niemand wusste später, wie die Entführung dennoch bekannt werden konnte.

Wer hatte darüber gesprochen?

Der Pfarrer hatte geschwiegen, das wusste Bärbl. Die Leute in Pfaffenhofen waren empört. Woher wussten sie es? Diese Frage konnte nie beantwortet werden. Vielleicht hatte der eine oder der andere dieser schrecklichen Menschen darüber gesprochen, neugierig, ob Bärbl trotz des Giftes noch immer am Leben sei. Dieser Teufelsclub! Als ein solcher hatte er sich ausgewiesen. Bärbls Verhalten musste dort eine große Aufregung ausgelöst haben.

Wenn dieses schwache Geschöpf das Gift überlebt hatte, dann musste es wahr sein, dass sie die Muttergottes gesehen hatte. Dann gab es Gott. Warum kämpften sie gegen ihn? Vielleicht ging mancher der dort Anwesenden in sich.

Andere wiederum, denen Gotteshass zur Sucht geworden war, überlegten wohl, wie sie gegen dieses Geschöpf, so schwach und doch so stark, so mutig, vorgehen sollten. Würde sie bei der Polizei Anzeige erstatten? Dann wären sie alle geliefert, ans Tageslicht kämen ihre gotteslästerlichen Schandtaten. Dagegen mussten sie sich schützen. Gab es nicht eine Mittelsperson, die nichts von ihnen wusste, noch wissen durfte, sondern bloß verdorben genug war, dass ihr jeder Geniestreich des Bösen einen ungeheuren Spaß bereitete, eine, die mit Bestechungsgeldern und schönen Worten zu jeder Aussage bereit wäre? Eine solche musste sich doch finden lassen.

Pfarrer Humpf schaltet einen Rechtsanwalt ein

Da die Entführung bereits bekannt geworden war, schaltete Pfarrer Humpf seinen Rechtsanwalt ein. Bärbl musste sich entscheiden: Entweder sie bekannte der Polizei, was sie erlebt hatte, dann aber, fürchtete sie, würden die Entführer ihre Drohung wahr machen; keinen Tag würde sie mehr leben. Oder sie würde schweigen wie ein Grab, und das Bischöfliche Ordinariat, das sich bereits eingeschaltet hatte, würde den Eindruck gewinnen, dass sie, schwer hysterisch, Hirngespinsten nachjage, bedacht, im Mittelpunkt des Geschehens stehen zu wollen.

Gewiss war es ihr auch verhasst, über die Schändlichkeiten zu sprechen, die sich dort zugetragen hatten. Würde sich durch ihre Aussage auch nur einer bekehren? «Reden wir doch nicht mehr darüber», entschied sie. Der Pfarrer aber sowie sein Anwalt ermutigten sie so, dass sie schließlich die Entführung bestätigte, über den unfrei-

Bild von der Einweihung der Marienfriedkapelle am 18. Mai 1947 bei der Wandlung. Bärbl ganz im Vordergrund, Dritte von links.

willigen Aufenthalt berichtete, endlich auch schilderte, wie sie zurückgebracht worden war. Die Drohung vor Augen, weigerte sich Bärbl, nähere Angaben zu machen.

Die Lüge

Es wurde immer verrückter. Eine Einwohnerin aus Pfaffenhofen, Fräulein N. N., allgemein schlecht beleumundet, gab bei der örtlichen Polizei zu Protokoll: Fräulein Ruess sei am Karfreitag in Nersingen oder Günzburg im Frühzug nach Augsburg zugestiegen. Eine halbe Stunde lang sei sie mit demselben Zug gefahren wie sie. Als man aber die Schwester von Fräulein N. N. befragte, die mit ihr gefahren war, wusste diese von nichts.

Dennoch schenkte der Staatsanwalt der angeblichen Zeugin N. N. Glauben. So wurde Anklage erhoben gegen Pfarrer Humpf und Bärbl Ruess wegen Vortäuschung einer strafbaren Handlung. Darauf reagierte der Pfarrer: «Das ist doch ein Faustschlag ins Gesicht.» Erst am 3. August 1949 ließ der Staatsanwalt die beiden Beklagten wissen, dass er die erhobene Anklage zurückgezogen, sowie das Verfahren eingestellt habe.

Die Hölle wollte zeigen, dass ihre Macht größer sei als die des Himmels. Doch Bärbl ließ sich nicht unterkriegen.

Die Entwicklung der Untersuchung

Der Pfarrer als Zeuge des Geschehens stand vor einer verantwortungsschweren Entscheidung: Sollte er den Bischof seiner Diözese über die Erscheinungen verständigen oder nicht? Er besprach den Fall mit seinen Mitbrüdern, die ihm rieten, weiter abzuwarten. Der Pfarrer hatte ihr Stillschweigen vorausgesetzt, trotzdem musste

Anna Humpf, Bärbls Freundin (vorn rechts) beim Orgelspiel.

einer geplaudert haben. Ein halbes Jahr später redete das Volk über die Muttergotteserscheinungen.

Jetzt konnte der Pfarrer nicht länger zuwarten. Er schrieb einen genauen Bericht an den Bischof von Augsburg, Dr. Josef Kumpfmüller, in dem er freimütig bekannte, er habe der Seherin gesagt, die Frau, mit der sie gesprochen habe, sei niemand anderes als die Gottesmutter. Ausserdem habe er bei der Wahl einer der beiden Bauparzellen für die geplante Kapelle den Wunsch geäussert, ein Zeichen möge gegeben werden.

Bereits nach sechs Tagen erhielt der Pfarrer ein Antwortschreiben von Generalvikar Msgr. Dr. Robert Domm, der den Pfarrer wegen seiner Fehler, die dieser demütig bekannt hatte, niederdonnerte. Ohne irgendeine Untersuchung oder weitere Nachforschungen bezeichnete er die Erscheinung als subjektiv, also als nur ein eingebildetes Erlebnis.

Da der Pfarrer in seinem Schreiben auch die Einweihung der Votivkapelle erwähnt hatte, ermahnte ihn der Generalvikar mit strengen Worten, er dürfe bei einer etwaigen Einweihungsansprache absolut nichts von einer Erscheinung erwähnen. Dr. Domm hatte die Zusicherung des Pfarrers bereits in Händen, als er ihm auch die feierliche Einweihung der Votivkapelle verbot, da voreilige Propaganda gemacht worden sei.

Darüber aber klärte ihn der Pfarrer auf: Er habe lediglich Einladungen an die Pfarreien des Rottales verschickt, denn während des letzten Kriegsjahres sei das Gelöbnis im Interesse des gesamten Rottales gemacht worden, eine Kapelle zu bauen. So begann für den Pfarrer ein äusserst mühevoller Weg, mit immer neuen unliebsamen Überraschungen.

Der Widersacher

«Sie hypnotisieren meine Tochter!»

Dekan Max Tritschler von Beuren war mit Bärbls Vater und dessen Frau, Bärbls Stiefmutter, gut befreundet. Über Mystik hatten die drei Menschen dieselbe abfällige Meinung. Dem Sägewerkbesitzer war von jeher jede Art von Mystik verdächtig; er hing mehr an seinen Besitz, den er sich selbst erworben hatte. Da er jeden Sonntag die Heilige Messe besuchte, hielt er sich für einen guten und unfehlbaren Christen. Seine Frau stimmte ihm um so lieber bei, weil ihr Bärbl fremd, ja seltsam erschien, so dass sie an ihr keinen Gefallen fand.

Die drei Personen unterhielten sich angeregt. Vater Ruess schrieb die Erscheinungen seiner Tochter dem überspannten religiösen Einfluss des Pfarrers zu. Vor einiger Zeit hatte er dem Pfarrer gesagt: «Sie hypnotisieren meine Tochter! Diese Visionen und Stigmen sind krankhaft. Wenn meine Tochter noch länger bei Ihnen bleibt, verliert sie den Verstand.» Frau Ruess hingegen war überzeugt, dass die Hirnhautentzündung Bärbls derartige vermeintliche Visionen verursacht habe.

Der Fall war für sie abgeschlossen. Oder doch nicht? Denn nach solcher Erkenntnis folgte die Tat und sie schlossen ein Komplott. Dekan Tritschler und Sägewerkbesitzer Ruess fuhren gemeinsam in das Ordinariat Augsburg. Dort berichteten sie ihre «Erkenntnisse» und erreichten, was sie beabsichtigt hatten: Die Herren im Generalvikariat hielten Bärbl fortan für eine arme, kranke, hysterische Person, den Pfarrer aber für einen überspannten Kopf. Ihm wurde befohlen, Bärbl aus dem Dienstverhältnis als Pfarrhelferin zu entlassen. Keiner der hochwürdigen Herren im Ordinariat schätzte Bärbls Vater als den Mann ein, der er war: einen, der für mystisches Geschehen absolut kein Verständnis hatte.

Fehlender Menschenkenntnis liegt zumeist ein Mangel an Selbsterkenntnis zugrunde. Fühlten sich nicht alle Personen, die da zusammengekommen waren, in ihrer Scheinsicherheit bedroht? Wenn es Muttergottes-Erscheinungen auch heute noch gab, wenn die Muttergottes tatsächlich zur Umkehr aufrief, dann meinte sie einen jeden Einzelnen. Gegen eine solche Wahrheit sträubte sich die Bequemlichkeit sowie die eigene Besserwisserei.

Wie wird Bärbl die Versetzung empfunden haben? Sie übersiedelte nach München, wo sie einen theologischen Kurs besuchte. Wie sehr wird sie sich nach Marienfried gesehnt haben, dem Ort, wo die Gottesmutter zu ihr gesprochen hatte. Unauslöschlich hatte sich die Erscheinung dem Herzen Bärbls eingeprägt. Sie hatte den tiefen, oft verzweifelten Wunsch, Maria bald wiederzusehen.

Bis jetzt hatte Bärbl den Pfarrer Martin Humpf und seine Schwester Anna zur Seite gehabt, die Zeugen der Erscheinungen gewesen waren. Bärbl, welche die strahlende Helle der Gottesmutter gesehen hatte, musste im Dunkel der Unwissenheit, Oberflächlichkeit und Sünde beinahe verzweifeln. Sie fühlte sich vereinsamt, so wie es die Gottesmutter vorausgesagt hatte. Doch wollte sie alles tun, was Gott verlangte, auch in ihrer größten Verlassenheit. An ihre Freundin schreibt Bärbl über den Unterricht im Katechetinnenkurs in München: «Es ist mir meist eine rechte Quälerei mit diesem 1., 2., 3. usw. Unser guter lieber Gott, in dem alles so einfach und so klar

---

Marienbrunnen im Hof vor dem Haus Tabor

ist, der wird jetzt auf einmal so kompliziert gemacht. Wenn ich vom Unterricht komme, ist mein erster Gang ins Notkirchlein der Franziskaner, und da leg ich dem Heiland (das) ganze Durcheinander von Buchstaben, Wörtern und Sätzen in die Hände, soll er alles ordnen...; und dann unterhalten wir uns wie in früheren Zeiten (als ich noch keine komplizierten theologischen Erörterungen über Gott kannte). Bei ihm lernt es sich leichter. Ein bis zwei Stunden vor dem Tabernakel, dann geht's wieder. Es ist so schön, wenn man ungestört – und ohne auf die Uhr schauen zu müssen – bei ihm sein kann.»

Wie nachhaltig das Erscheinungserlebnis auf Bärbl wirkte, lässt sich folgenden Bemerkungen entnehmen: «Da (in der kleinen Notkirche der Franziskaner in München) seid Ihr mir alle so nah, (dass) ich manchmal meine, Ihr müsstet es spüren. Aber Marienfried (den Ort der Erscheinung) kann ich halt nicht herzaubern. Wenn ich daran denke, dann ... (kommen mir die Tränen). Ich hab bis jetzt nicht geglaubt, dass ich so an diesem Plätzchen hänge. Man könnte mich ... Jahre an den ... Nordpol stekken, meine Gedanken wären doch immer noch da draussen bei der Mutter» (Eizereif, Seiten 179 und 183).

Ein Experte entscheidet sich für Marienfried

Wie ein Glücksbote vom Himmel erschien der mit Mystik vertraute Jesuitenpater Max Schmid dem Pfarrer, ihm seine Hilfe anbietend, wenn sich Schwierigkeiten ergeben sollten. Da er gleich über die Erscheinungen zu sprechen begann, schenkte ihm auch der Pfarrer sein volles Vertrauen. Welche Sorge, welche Nöte kamen da

---

Kruzifix in der Waldecke, aufgestellt im Heiligen Jahr 1975

zutage, die der Pfarrer seit Monaten zu tragen hatte. Pater Schmid nickte verständnisvoll. «Ohne Prophet zu sein», sagte er, «kann ich Ihnen voraussagen, dass Sie wegen dieser Erscheinungen viel mitmachen müssen. Es wird Sie eine Unmenge von Verdächtigungen und Verleumdungen treffen.»

Das waren die Worte, an die sich der Pfarrer erinnern sollte. Im Augenblick aber fühlte er sich verstanden; die Hilfsbereitschaft des Jesuiten munterte ihn auf. Schon nach Tagen schrieb ihm sein neuer Freund, den er so unverhofft gewonnen hatte: «Da die Erscheinung klar ausgesprochen hat, Gott wolle, dass ihre Stellung als Gnadenvermittlerin von der ganzen Kirche anerkannt werde, fühlte ich mich innerlich gedrängt, den Heiligen Vater über alles zu informieren...

Ich habe einen genauen Bericht über die Erscheinungen samt meinem Gutachten darüber an den Heiligen Vater gesandt und ihn zugleich darum gebeten, er möge das Fest der ‹Mediatrix omnium gratiarum› (Mittlerin aller Gnaden), das einstweilen nur pro aliquibus locis (für gewisse Orte) gestattet ist, für die ganze Kirche zu einem Fest erheben. Hoffen wir, dass mein Schritt wenigstens die eine Wirkung auf das Ordinariat haben wird, die Angelegenheit nicht einfach einschlafen zu lassen. Übrigens wird Letzteres nicht mehr möglich sein, da die Nachricht über die Erscheinungen beim Volk von Mund zu Mund geht» (Eizereif, Seite 109).

Die Angelegenheit schien sich gut zu entwickeln. Bärbl hatte mit Pater Schmid ein sechsstündiges Untersuchungsgespräch in München. Bereitwillig beantwortete sie seine Fragen, so dass das Gespräch zu beiderseitiger Zufriedenheit verlief. Nur ein Hindernis gab es: sie solle ihm das Geheimnis verraten, das ihr die Gottesmutter anvertraut hatte. Dazu aber war Bärbl nicht zu bewegen. Pater Schmid beschwerte sich deshalb bei Pfarrer Humpf.

Mystisch begnadete Seelen, schrieb der Jesuit dem Pfarrer, dürften dem Stellvertreter Gottes kein Geheimnis vorenthalten. Der Pfarrer hingegen war anderer Meinung. Obwohl er fürchtete, einen soeben gewonnenen Freund für die Sache zu verlieren, widersprach er ihm: Auch der Seelenführer dürfe nicht in ein Geheimnis eindringen, das gebiete die Ehrfurcht vor dem Heiligen. Diese Korrektur seiner Meinung nahm der an Mystik interessierte Pater Schmid ohne Widerspruch an.

Über sein Verhör schrieb er ein Gutachten an das Ordinariat Augsburg, ein zweites an seinen Provinzial. Der aber verbot Pater Schmid im heiligen Gehorsam das Eingreifen in eine schwebende Sache.

So schnell wurde Pfarrer Humpf aus dem Traum von einem helfenden Freund herausgerissen in eine harte, beschwerliche Wirklichkeit.

Das Predigtverbot

Hatte der Generalvikar Dr. Domm den Pfarrer noch im September 1947 für seine priesterliche Gesinnung gerühmt, so rügte er ihn siebeneinhalb Monate später: Marienfried habe den Charakter einer Votivkapelle verloren, jetzt sei es Mittelpunkt der Propaganda einer angeblichen Muttergottes-Erscheinung. Pfarrer Humpf sorge in der Gemeinde für Aufregung und Verwirrung, so dass ihm vorläufig verboten werde, in Marienfried irgendeine Predigt zu halten. Was nützte es dem Pfarrer, wenn er den ungerechten Vorwurf schärfstens zurückwies, wenn er beteuerte, mit Beten und Predigten einzig und allein für die

Marienverehrung zu werben. Welchen Vorteil hatte er, wenn er seine Meinung äusserte, der Vorwurf komme von einer bestimmten Seite. Die Saat der Lüge und des Misstrauens war aufgegangen.

Die Entführungsgeschichte lebt auf

Zu allen Widerständen kam auch Bärbls Entführungsgeschichte wieder zur Sprache. Nicht nur die Polizei, sondern auch die bischöflichen Behörden verlangten Aufklärung. Das Ordinariat beauftragte Pfarrer Humpf, er möge auf Bärbl einwirken, einen Antrag auf Strafverfolgung zu stellen. Hinter dieser Forderung stand zweifellos Dekan Max Tritschler.

Dass er die Entführungsgeschichte wieder aufleben ließ, ließ zusätzliche Zweifel an der Echtheit der Erscheinung aufkommen. Könnte man Bärbl einer Lüge überführen, so würde diese Lüge für ihre moralische Unglaubwürdigkeit sorgen. Oder es ließe sich nachweisen, Bärbl habe sich diese Geschichte bloß eingebildet – dann stünde sie als Hysterikerin oder sogar als Verrückte da. Das Volk würde es sich überlegen, noch einmal frommen Geschichten zu glauben. Pfarrer Humpf wünschte keine unnötige Polizeiaktion, wie er den Generalvikar wissen ließ. Was tat es, wenn man ihm mangelnde Einsicht sowie unkluge Handlungsweise vorwarf. «... und will sogar prüfen – sofern er nicht dafür sorge, dass sich Bärbl ‹bis zur Bekanntgabe des Untersuchungsergebnisses in causa (Sachen) Marienfried vom Pfarrhof, besser noch von der Pfarrei Pfaffenhofen fernhalte –, ob er noch der geeignete Seelsorger für die Pfarrei sei.»

«Bei aller Anerkennung Ihres aufrichtigen Seelsorgeeifers und des Erfolges, den Sie bisher damit hatten», lässt das Ordinariat am 21. September 1948 Pfarrer Humpf wissen, «müssen wir doch darauf aufmerksam machen, dass gerade auch in Ihrer Pfarrei beachtenswerte Kreise die von Ihnen mit viel mehr Eifer als Klugheit geförderte Bärbl-Ruess-Mystik ablehnen. Je mehr in der noch nicht abgeschlossenen Angelegenheit eine gegenseitige fromme Suggestion gesehen wird, ... desto mehr wird Ihre Seelsorgearbeit ... absinken. Wir können nicht umhin, Ihnen den Schlusssatz des Polizeiberichtes vom 23. August 1948 mitzuteilen, (worin es heisst): ‹Es hat den Anschein, dass die Entführung nur inszeniert wurde, weil sich bei Fräulein R. in diesem Jahr am Karfreitag keine Stigmatisierungserscheinungen zeigten!›» (Eizereif, Seite 117-118).

So objektiv wie möglich verteidigte sich der Pfarrer gegen die Anschuldigungen. Er weist in seiner Erwiderung vom 30. September 1948 diese Behauptungen als «unbeweisbare Hypothesen» entschieden zurück und stellt dem Ordinariat gegenüber fest: «Ich habe Besucher, die mit Bärbl einen Personenkult treiben wollten, stets bewusst ernüchtert. Das Gleiche tat in noch schärferer Weise Bärbl Ruess selbst, wodurch sie häufig Anstoß erregt hat. Jede gegenteilige Behauptung ist ein Irrtum oder eine Verleumdung. Die Polizei-Behörde hat zu dem von Ihnen angeführten Schlusssatz ihres Berichtes vom 23. August 1948 keinerlei Recht, weil ihr der Einblick in den ganzen Sachverhalt fehlt und die Beurteilung der Stigmatisation gar nicht zu ihrer Kompetenz gehört.

Die Aussage der N. N. – die Bärbl während der Entführung im Eisenbahnzug zwischen Nersingen und Augsburg gesehen haben will – steht, auch wenn sie eidlich bekräftigt wird, auf wackligen Füßen, (denn ihre) Glaubwürdigkeit ist recht fraglich. Ich wünschte nur, dass Sie einen persönlichen Eindruck von ihr bekämen und ihren Leumund bei der Bevölkerung kennen lernten. (Übrigens) weiss jeder, dass häufig sogar am hellen Tag, wieviel eher im Zwielicht des Morgens, Personenverwechslungen vorkommen. Eine zweifelsfreie Identifizierung von Personen erlangt man nicht allein durch das Sehen (des Betreffenden, sondern erst durch das Miteinander-Sprechen). Fräulein N. N. hat aber Fräulein Bärbl nicht angesprochen, und ausserdem hat die eigene Schwester N. N., die neben ihr saß, von Bärbl nichts bemerkt» (Eizereif, Seite 118-119).

Die Auseinandersetzungen trug Pfarrer Humpf ohne Bärbls Mithilfe aus.

Als Katechetin in München

Bärbl bestand 1948 den katechetischen Kurs in München mit gutem Erfolg. Über ihre dogmatischen Kenntnisse staunten die Professoren. Ihrem zukünftigen Beruf als Religionslehrerin stand nichts im Wege. Nach Abschluss der Prüfungen hielt sie sich in Pfaffenhofen auf. Da sie aber dort nicht bleiben durfte, suchte sie sich im August 1948 in München eine Wohnung. Von dieser Reise kehrte sie mit Fieber und Lungenentzündung nach Pfaffenhofen zurück. Als eine Herzmuskelentzündung hinzukam, wurde sie ins Ulmer Krankenhaus eingeliefert.

Nach ihrer Genesung gab sie Kindern in Münchens Aussenbezirken Religionsunterricht. In diesen Bezirken lebten arme Leute. Hier hatte es kaum Beicht-, Kommunion- noch Firmvorbereitung gegeben, kein Geistlicher war zu Bärbls Zeiten aus solchem Anlass zu den Kindern gekommen.

Bärbl in ihrer gewohnt bescheidenen Haltung beim Singen.
Im Hintergrund eine große Schar von Gläubigen.

Hier mussten die Frauen mitverdienen, denn das Gehalt der Männer reichte nicht aus, um die Familie zu ernähren. Die Kinder spielten oft ohne Aufsicht auf der Straße.

In den dürftigen Nachkriegsjahren tat Bärbl alles, um die blassen, vernachlässigten Kinder aufzuheitern. Sie versprach ihnen keine Luftschlösser des Glücks, um so weniger, da sie wusste, wie schwer sich Kinder solcher Familien aus eigener Kraft emporarbeiten mussten. Entweder resignierten sie schon früh, oder sie empörten sich gegen das Schicksal. Nur wenige waren es, die sich besonnen einen Weg bahnten, und ihn konsequent und in Demut gingen.

Bärbl erzählte den Kindern von Gott. Sie sagte ihnen, wie lieb er sie habe. Dann sprach sie von der Muttergottes. Sie sei deshalb so wunderschön, weil sie nie eine Sünde begangen habe. Wenn sie Hilfe brauchten, dann sollten sie Maria anrufen. Sie sei die beste Mutter. Wenn ihre Wünsche gut seien, trage sie ihre Bitten vor Gott hin. Gebannt hörten die Kinder zu. Bärbl erzählte glaubwürdig und so bildhaft. Deshalb erwarteten die Kinder mit Ungeduld jede neue Religionsstunde. Bärbl schloss jedes der Kinder in ihr Herz. Wie leicht waren sie doch zu behandeln. Was sie brauchten, war Liebe. Bärbl erkannte: Nicht die Vollkommenen brauchten sie, sondern die Armen, die Schwachen. Um wieviel dankbarer waren die Kinder der Armen als die der Reichen.

Die Bürde der Verantwortung

Pfarrer Humpf trug schwer an seiner Bürde. Doch war er durchdrungen davon: Die Gottesmutter hatte Bärbl als ihr Werkzeug erwählt, damit ihre Botschaft der Welt bekannt würde. Auch in Deutschland war also die Muttergottes erschienen, in jenem Land, das in der Welt wegen der Untaten der Nationalsozialisten so sehr verachtet wurde. Durch ihr Erscheinen hatte die Gottesmutter dem deutschen Volk gezeigt, dass sie es nicht aufgegeben hatte.

An drei Orten Deutschlands war die Muttergottes erschienen: In Heede und Heroldsbach und nun in Marienfried. Während Heroldsbach von der Kirche als nicht beurteilbar zu den Akten gelegt worden war, befürchtete der Pfarrer, dass auch Marienfried dasselbe Schicksal erwarte.

Unverrückbar glaubte Pater Schmid an die Echtheit der Erscheinungen. Er tröstete den Pfarrer. Zwei Bischöfe hätten sich mit den Muttergotteserscheinungen befasst: Bischof Kumpfmüller, dann sein Nachfolger Dr. Freundorfer. Später, nach dessen überraschendem Tod 1963, folgte der Subregens von Dillingen, Bischof Dr. Josef Stimpfle. Es war die Zeit nach dem Zweiten Vatikanischen Konzil, das eine Atmosphäre des Vertrauens für die Zusammenarbeit zwischen Bischof und Klerus versprach. Ausserdem versicherte Pater Bleienstein, er wolle den Fall vorantreiben. Er behandelte den Pfarrer genauso freundlich wie früher. Doch der Schwung fehlte, den er einmal gehabt hatte. Selbst ein Blinder konnte erkennen, dass er sich aus der Sache zurückziehen wollte. Auch ihn hatte Dekan Tritschler bearbeitet. Wahrscheinlich hatte er ihm die Entführungsgeschichte mit großem Wortaufwand und Zweifel vorgetragen. Das Desinteresse des Jesuiten ließ sich aus seiner Handlungsweise ablesen: Er befragte nicht Bärbl, sondern die schlecht beleumundete Fräulein N. N., die weiterhin behauptete, sie habe Bärbl am Entführungstag im Zug gesehen. Wahrscheinlich kamen Berichte des Dekans, wie die von Fräulein N. N., den Wünschen Pater Bleiensteins entgegen. Schon zwei Jahre früher hatte er bei einem Rom-Besuch mit seinen Mitbrüdern über seine Aufgabe gesprochen. Vielleicht hatten sich einige seiner Mitbrüder darüber belustigt, denn schon vor dem Zweiten Vatikanischen Konzil gab es Kleriker, die die Beschäftigung mit Mystik als Makel ansahen. Konnte sich Pater Bleienstein gegen die andern nicht behaupten? Schon damals – so ein Mitbruder – habe er wortwörtlich gesagt: «Ich kann ja schreiben: non constat de supernaturalite – Das Übernatürliche steht nicht fest, was weiter nichts aussagt.»

Jetzt verlangte der Jesuit Auskunft, ob und an welchen Stellen der Pfarrer bei der Abfassung des Dreifaltigkeitshymnus Bärbl geholfen habe. Er möge dies schriftlich darlegen. Schon längst war dies besprochen. Wozu die viele Schreiberei?

Bischof Stimpfle und die nachkonziliäre Zeit

An Mystik interessierte Priester anderer Diözesen baten immer wieder, die Geschehnisse in Pfaffenhofen neu zu überprüfen. Ausserdem wandten sich Priester sowie auch Laien in derselben Angelegenheit an Bischof Stimpfle. Auch Pfarrer Humpf fasste neuen Mut. Er schrieb an das Ordinariat: Siebzehn Jahre habe er die Last der Privatoffenbarungen getragen. Siebzehn Jahre habe er für die Kapelle in Marienfried keine Zelebrationserlaubnis erhalten, weil die Erscheinungen nicht kirchlich anerkannt worden waren. Er sei Seelsorger, deshalb dränge es ihn zu der Bitte, die Untersuchungen neu aufzunehmen. Immer wieder würde von Persönlichkeiten die Echtheitsfrage neu erörtert. Wenn eine neue Untersuchung nicht möglich sei, möge zumindest die Kapelle in Marienfried von allen Einschränkungen befreit werden. Anschließend bat der Pfarrer den Bischof um eine persönliche Aussprache; er würde gern mit seiner Schwester kommen, denn sie beide seien Zeugen des Geschehens gewesen.

In der bischöflichen Korrespondenz findet sich kein Antwortschreiben. Dreizehn Monate später schrieb Anna Humpf persönlich an den Bischof. «Wie oft habe ich all diese ausserordentlichen Geschehnisse fortgewünscht, zumal jahrelang für uns alle nur Missdeutung und Leiden die Folge waren. Dazu kamen eine Menge Menschen von überall her, die zu einem großen Teil in ungesunder Weise dem Ausserordentlichen nachjagten. Da habe ich die vorsichtige und strenge Haltung der kirchlichen Obrigkeit diesen (Ereignissen) gegenüber voll schätzen und bejahen gelernt. ...

Nachdem ich jahrelang geprüft, gebetet, kritisch beobachtet und alle Fügungen und Führungen von Anfang an zu verstehen suchte, gewann ich seit einigen Jahren immer mehr die Überzeugung: Gott und die Gottesmutter waren und sind (hier) am Werk. Soviele Zeichen – innere und äussere –, dazu der Inhalt und die Sprache der Botschaft, deuten darauf hin.

Ausserdem haben mehrere Priester, die ich hochschätze, nach langem Überlegen ihre negative Einstellung geändert und sind zu der Überzeugung gelangt, die Angelegenheit sei es wert, (noch einmal) ernst(haft) geprüft zu werden» (Eizereif, Seite 126-127).

Eine Woche später fügte Fräulein Humpf dem Brief erklärend hinzu: «Die Gottesmutter», schreibt sie dem Bischof, «verlange hier die Ganzhingabe und den Ganzeinsatz.» Was sie im Hinblick auf die Geschehnisse in Marienfried jedoch «immer wieder quäle, sei die Frage, aus welchen Gründen P. Bleienstein damals das negative Urteil gefällt habe». Etwa wegen des Fehlens «äusserer Zeichen und Wunder»?

Aber das sei nicht gut möglich, meint Anna Humpf, wo doch die Gottesmutter in der Botschaft ausdrücklich darum bat, «keine Zeichen und Wunder zu erwarten, (weil) sie als die große Gnadenvermittlerin im Verborgenen Wunder wirken wolle» (Eizereif, Seite 128).

Am 29. Juli 1965 ließ Bischof Dr. Stimpfle Anna Humpf durch seinen Bischofsvikar antworten, er wisse ihr Anliegen zu würdigen, sehe sich aber zur Zeit nicht in der Lage, etwas zu unternehmen.

Verleger Höcht wehrt sich für Marienfried

Der Inhaber des Credo-Verlages, Wiesbaden, Johannes Maria Höcht, beabsichtigte, zum 20. Jahrestag der Erscheinungen in seiner Monatsschrift «Der Große Ruf» einen Artikel zu veröffentlichen; darüber benachrichtigte er rechtzeitig das Ordinariat Augsburg sowie auch Pfarrer Humpf.

Da dieser Schlimmes befürchtete, bat er den Herausgeber Höcht, den Artikel vor der Veröffentlichung mit der Kurie in Augsburg abzustimmen. Obwohl sich der Autor dem Weihbischof Dr. Zimmermann von Augsburg vorgestellt hatte, beunruhigte der Artikel «20 Jahre Pfaffenhofen-Marienfried 1946-1966» die kirchliche Behörde zutiefst.

Mit der Feststellung, dass sich Marienfried in der deutschen Öffentlichkeit schon lange in einem Dornröschenschlaf befinde, ja, dass man für diesmal nur den Kern der

Botschaft bringen wolle, spürte jeder aufmerksame Leser die Ungeduld in diesen Worten.

Schon kam eine rebellische Stimmung auf, die bisher niedergehalten worden war, nicht zuletzt durch die lobenswerte Disziplin von Pfarrer Humpf. Ausserdem erfuhr die bischöfliche Behörde von einem in der Kapelle in Marienfried abgehaltenen Gottesdienst mit einer Predigt, in der über die Offenbarungen der Gottesmutter gesprochen worden war.

Daraufhin erhielt der Pfarrer wiederum eine strenge Verwarnung vom Ordinariat Augsburg.

Das Zweite Vatikanische Konzil sowie die Ernennung eines neuen Bischofs hatten Hoffnungen erweckt. Immer noch im Glauben, es könne nicht alles wie bisher bleiben, wandte sich Pfarrer Humpf an Bischof Stimpfle mit der Bitte, das Verfahren wieder aufzunehmen. Zumindest möge er ihm Akteneinsicht gewähren, damit er endlich die Gründe für die ablehnende Haltung erfahre.

Anlässlich eines Firmungsbesuches des Bischofs in Pfaffenhofen trug Pfarrer Humpf ihm sein Anliegen auch mündlich vor. Ein freundlicher, aber nichtssagender Brief des Bischofs bewies, wie geschickt man allen Entscheidungen auswich.

Bedenkt man den verzweifelten Einsatz des Pfarrers, so erinnert man sich an die Tantalusqualen im griechischen Hades: Sysiphus musste immer wieder einen Stein auf einen Berg hinaufstemmen; kurz vor Ziel rollte der Stein immer wieder hinunter.

Ein neuer Hoffnungsstrahl

Wieder schien das Ziel in greifbare Nähe gerückt. Josef Franz Künzle vom Miriam-Verlag hatte für seine Schrift «Die Erscheinung in Marienfried» (9. Auflage 1992) von Dr. Josef Zimmermann, bischöflicher Vikar in Augsburg, am 14. Februar 1969 das Imprimatur erhalten; immerhin eine Bestätigung der kirchlichen Behörde, dass sich in den Botschaften der Erscheinungen keine Aussage befand, die dem katholischen Glauben widersprach.

Anna Humpf mit ihrer klaren, unerschrockenen Art trat für die Echtheit der Botschaften ein. Sie schrieb an das Ordinariat Augsburg. Bischof Stimpfle ließ ihr mitteilen, es käme sicher einmal die Zeit, über die weitere Entwicklung mündlich zu sprechen. Immer nur Ausflüchte, eine Hinhaltetaktik, die verletzend wirkte.

Auf die nochmalige Bitte von Pfarrer Humpf um Akteneinsicht antwortete das Ordinariat: «Wir sehen uns nicht in der Lage, die erbetenen Akten zur Verfügung zu stellen.» Was veranlasste das Generalvikariat, die Bitte um Akteneinsicht so hartnäckig zu verweigern? War es nicht einem jeden gestattet, Einsichten in Akten von Pfarrarchiven zu bekommen, solange es sich nicht um geheime Prozessakten handelte?

Am 23. Juli 1972 wurde die Kirche in Marienfried eingeweiht. Am 3. August 1973 brannte die Notkirche völlig ab, wurde aber rasch wieder aufgebaut, so dass viele Gläubige annahmen, die kirchliche Behörde anerkenne die Erscheinungen. Dies war aber ein Irrtum. Das Ordinariat wollte nur Privatansichten der Gläubigen nicht beeinträchtigen. Warum auch sollte es den Glauben an die Echtheit der Erscheinungen verbieten? «Nähme die kirchliche Behörde jetzt wenigstens das ‹Non constat› ernst und sähe in dieser Feststellung keine Ablehnung, kein Verbot und auch keinen Grund, die Angelegenheit als erledigten Fall zu betrachten, so müsste sie eigentlich bis zur restlosen Klärung weiter nach der Wahrheit forschen; zumindest aber über alles froh sein, was zur Klärung der Geschehnisse von anderer Seite beigetragen wird» (Eizereif, Seite 144).

Schließlich argumentierte man im Ordinariat: In all den Jahren sei in Marienfried kein Wunder geschehen. Man hätte im Ordinariat nur die Botschaft der Gottesmutter aufmerksam durchlesen müssen, um zu wissen: Ein sichtbares Wunder für viele wäre ein Gegenbeweis für die Echtheit der Erscheinungen gewesen. Ausdrücklich hatte die Gottesmutter gesagt: «Wir stehen vor einer Zeit, in der alle irre werden, die nur der sichtbaren Zeichen wegen glauben.» Die Zeichen würden ihnen zur größeren Verantwortung gereichen.

50 Jahre nach den Erscheinungen

Es scheint, als habe sich die Gottesmutter selbst in Erinnerung gebracht. Ein neuer Bischof, Dr. Viktor Josef Dammertz, hat als vierter Bischof mit der Überprüfung der Erscheinungen zu tun. Er ist der erste Augsburger Bischof, der im Juli 1995 öffentlich eine Erklärung zu Marienfried abgegeben hat.

Bischof Kumpfmüller, der erste der Bischöfe, setzte eine Ein-Mann-Kommission ein, womit er zeigte, er wolle mit der ganzen Angelegenheit nichts zu tun haben. Ähnlich handelte Bischof Freundorfer. Bischof Stimpfle als dritter Bischof sagte, der Einzelne könne seine Überzeugung haben, doch dürfe er sie nicht verbreiten, solange der Abschluss der Untersuchung ausstehe. Bischof Dammertz setzte zwei Untersuchungskommissionen ein: eine zur Untersuchung der pastoralen Praktiken in Marienfried. Das Ergebnis war, dass Marienfried umgewandelt wurde in eine eigene kirchliche Stiftung mit dem Titel «Maria, Mutter der Kirche», mit einem eigenen geistlichen Direktor, Msgr. Josef Fickler. Ihm wurde Benefiziat Karl Hagenauer beigegeben.

Die zweite Untersuchungskommission bekam den Auftrag zu untersuchen, ob geglaubt und kirchlich anerkannt werden kann, dass die Muttergottes in Pfaffenhofen erschienen sei, um der Welt eine Botschaft zu verkünden. In einer öffentlichen Erklärung im Juli 1996 in Marienfried forderte Bischof Dr. Dammertz alle Gläubigen auf, mit ihm um den Beistand des Heiligen Geistes zu beten, damit die volle Wahrheit erkannt werde und zum Durchbruch käme. Wenn wir das tun, so lässt solch beharrliches Beten hoffen, dass der Heilige Geist in die volle Wahrheit einführt. Wenn dem Bischof das Ergebnis der zweiten Untersuchungskommission vorliegt, wird er sich nach eigener Aussage sein Urteil bilden und es – nach Rücksprache mit Rom – auch veröffentlichen.

Monogramm des Namens Maria.

Bärbls weiteres Leben

Was erwarten die Gläubigen von einer Seherin?

Durch die Erscheinung der Gottesmutter war Bärbl zu einer «öffentlichen Person» geworden, für andere sichtbar. Doch sollte es nicht so bleiben. Immer schon hatte sie an der nach aussen sichtbaren Erwählung und Zurschaustellung gelitten; sie wollte sich einfügen in die Gemeinschaft, eine Frau sein wie jede andere.

Weil Gott den freien Willen achtet, erhörte er ihren Wunsch. Das hatte sich bereits auf der Pilgerfahrt nach Rom und Assisi gezeigt. Sie bat den hl. Franziskus, er möge Gott bitten, dass er ihr die äusseren Stigmata wegnehme. Auf seine Fürsprache vernarbten ihre Stigmen, woraus man erkennt, wie fürsorglich die Heiligen in ihrer himmlischen Seligkeit auf die Bitten der noch auf Erden lebenden Menschen eingehen. Die Narben verschwanden im Laufe der Jahrzehnte.

Noch blickten die Leute bei kirchlichen Feiern ehrfürchtig auf ihre «Heilige», die sie so notwendig als Wegweiser für ihr eigenes Leben brauchten. Welche Art von Leben erwartete das Volk von Bärbl? Da gab es drei Muster, die sie nach dem Vorbild früherer Heiliger für möglich hielten: Entweder tritt Bärbl in einen Orden ein, oder sie liegt jahrzehntelang krank darnieder wie die stigmatisierte Grete Gansefort von Heede oder Therese von Konnersreuth. Auch ein früher Tod wäre denkbar, fanden einige Leute, oder aber sie setzte ihre Kräfte ganz und gar für karitative Einrichtungen ein. Bärbl wollte tatsächlich, wie es ein Brief an ihre Freundin Anna Humpf bezeugt, bei den Schönstattschwestern eintreten; doch wurde sie, die aussergewöhnliche Visionen und Erscheinungen erlebt hatte, nicht aufgenommen, weil sie zu den übrigen Schwestern, die ohne mystische Erfahrung ein vollkommenes Leben anstrebten, nicht passe. Das kränkte Bärbl tief. Doch als echtes Marienkind ergab sie sich dem Willen Gottes. Gott würde für ihr weiteres Leben sorgen, sie brauchte nicht ihre Zukunft zu planen.

Gott spielt auf so vielen Instrumenten wie es Menschen gibt

In demselben Jahr 1950, in dem ihre Stigmen vernarbt waren, stand Bärbl eines Sonntags nach einer pädagogischen Tagung mit dem Thema «Grundriss einer neuzeitlichen Pädagogik für den katholischen Erzieher», gehalten von P. Kentenich, auf dem Bahnsteig im Hauptbahnhof Koblenz und wartete auf den Zug. Anton Rehm befand sich in ihrer Nähe, als eine Verspätung des Zuges um zehn Minuten angesagt wurde. Anton Rehm kannte Bärbl nur dem Namen nach.

Jetzt gesellte er sich zu Bärbl. Da auch er den Kurs mit P. Kentenich besucht hatte, fand sich ein Gesprächsstoff. Die beiden unterhielten sich angeregt. Wie gut er sich noch heute an alles erinnert! Sie trug damals ein blaues Kleid. Plötzlich, noch auf dem Bahnsteig, wusste er nicht, wie ihm geschah: Er empfand auf einmal eine so tiefe Liebe zu diesem Mädchen wie nie zuvor zu irgendeinem Menschen. Zehn Punkte hatte er schon seit Jahren zusammengestellt, wie seine zukünftige Frau sein sollte. Als er das Mädchen vor sich sah, löste sich die Starre seiner Forderungen. Damals begann ihre Liebe.

Anton Rehm besuchte Bärbl ab und zu in München, wo sie als Katechetin tätig war, und Bärbl erwiderte seine Besuche in Bad Waldsee nördlich von Ravensburg. Zwei Jahre später, am 15. August 1952, am Fest Mariä Himmelfahrt, heirateten sie in Schönstatt. Ihren Ehebund schlossen sie vor Pfarrer Martin Humpf im Beisein seiner Schwester Anna.

Auf die Frage, wie Bärbl als Ehefrau gewesen sei, antwortete er: «Ich war erstaunt über ihre starke Zuneigung und Anhänglichkeit.»

Viele Gläubige stießen sich an Bärbls Heirat. Wie konnte eine Frau, welche die Muttergottes gesehen und mit ihr gesprochen hatte, den Schritt in die Ehe tun? Warum trat sie nicht einer anderen Schwesterngemeinschaft bei, wenn die Schönstattschwestern sie nicht aufgenommen hatten, fragte man sich. Bärbl selbst schrieb ihrer Freundin Anna, die offenbar solche Fragen erörtert hatte, nach Jahren:

«Ich muss gehorchen, auch wenn Ihr alle diese Art nicht verstehen könnt. Es gibt auch noch andere Wege, als in unserem katholischen Leistungsdenken zum Ausdruck kommen. Ich bewundere Euch ..., (aber) mich (hat) der liebe Gott mitten unter seine ärmsten Kinder gesetzt und will mich dort nicht mehr (fort)lassen. Ihr seht in mir immer etwas Besonderes, und ich weiss mich genau in entgegengesetzter Richtung. Anni, da wird man nicht stolz. ...

Ich bin sehr vorsichtig, mich für andere festzulegen. Gott spielt (nämlich) auf so vielen Instrumenten wie es Menschen gibt. Es scheint manchmal einen Missklang zu geben, (solange) wir noch nicht klar (sehen). Darum meine ich, (ist) Vorsicht (geboten, damit wir) nicht in seinen Willen hineinpatzen. Das Gehör für das, was dahintersteckt, kommt oft erst viele Jahre später» (Eizereif, Seite 181).

Warum vergisst man, dass die Ehe genau so ein Sakrament ist wie die Taufe oder die Priesterweihe? Die Ehepartner spenden einander das Sakrament, Gott ist als Dritter in ihrem Bund. So wie die Ehepartner einander annehmen wollen mit allen Fehlern und Schwächen in gesunden und kranken Tagen, so hat der immer treue Gott Geduld mit allen unseren Torheiten. Immer wieder gibt er uns neue Chancen, bis zuletzt. So steht die Ehe hintergründig für das tiefe Geheimnis der Liebe und Geduld Gottes. Deshalb ist sie auch unauflöslich.

Bärbls Ehemann Anton Rehm

Wie war Anton Rehm, der zukünftige Gatte der Seherin von Marienfried, als Mensch? In einem Gespräch erzählte Anton Rehm, wie er in seiner Jugend eine schwere Krise durchgemacht hat. Wie Augustinus in seinen «Bekenntnissen», hat er in aller Offenheit von seinen Jugendsünden und seinen Charakterschwächen berichtet. Der damalige Zeitgeist hat auch in seinem Leben Spuren hinterlassen.

Wie kam Anton Rehm zum Studium? Im Religionsunterricht an der Volksschule fragte der Pfarrer: «Weiss einer von Euch, was wir heute für einen Heiligen feiern?» Anton wusste als Einziger die Antwort: «Fidelis von Sigmaringen.» Weiter fragte der Pfarrer: «Weisst Du etwas über sein Leben?» Da Anton kurz vorher etwas über den heiligen Fidelis gelesen hatte, konnte er Auskunft geben, dass Fidelis, der Sohn des Bürgermeisters von Sigmaringen, in der Schweiz Kapuziner wurde und in der Reformationszeit als Glaubenszeuge im Kanton Graubünden starb. Darüber war der Pfarrer so erstaunt, dass er sich anerbot, Anton Lateinunterricht zu geben und ihn für

Rottenburg vorzubereiten. So begann Antons geistliche Laufbahn.

Mit zwölf Jahren kam Anton Rehm aus einem stillen Dorf, aus einer wohlbehüteten Familie in die Stadt. Die Stadtluft tat ihm nicht gut. Da im bischöflichen Internat Martinihaus kein Platz mehr war, mieteten seine Eltern ein Privatquartier für ihn. Bald erlag er dem Einfluss schlechter Mitschüler. Wie diese besuchte er Filme zweifelhaften Inhalts, verprasste sein Geld und seine Talente, so dass er in der Schule ins Schleudern kam. Auch erlebte er Pubertätskrisen, die er, das bisher unschuldige Kind, um vieles schlimmer empfand, als die Kinder unserer Zerfallszeit, die abgebrühter sind, weil sie von den zehn Geboten Gottes meist keine Ahnung mehr haben.

Die schlechten Schulnoten waren es, die Antons Vater alarmierten. «Du elender Taugenichts!», donnerte er. «Wir bringen so große Opfer für dich, du aber kommst mit einem so miserablen Zeugnis daher. Schämst du dich denn nicht?» Reuetränen rannen dem Buben über die Wangen. Da aber schaltete sich die herzensgute Mutter ein, nannte ihn ihren «Bua», kümmerte sich in der Folgezeit rührend um ihren Sohn, munterte ihn auf, bat ihn, auch werktags die heilige Messe zu besuchen, zu beichten, fleissig zu lernen, mit dem Geld sparsam umzugehen und vieles andere mehr. Dem Vater hielt sie vor: «Gell, wenn dr Bua guate Nota heimbrengt, dann ischt'r dei Bua; jetzt, wo er schlechte brengt, jetzt ischt'r mei Bua.»

Anton befolgte ihre Ermahnungen. Er büffelte jetzt und erreichte das Klassenziel, so unmöglich das erschienen war, so dass der Klassenlehrer überrascht ausrief: «Du Lausbua! Wer hätt' dees denkt!»

Nach Antons Rehms eigenem Geständnis war er zuerst ein verlorener Sohn und später ein «überheblicher Kritikaster». So hielt er im Konvikt Rottweil als Student einen Vortrag über die Fehler seiner Lehrer. 1935 kam Anton Rehm nach Tübingen. Nach dem ersten Semester absolvierte er 1936 den Reichsarbeitsdienst in der Kantine-Verwaltung in Berlin-Königswusterhausen und im Windbruch-Gebiet im Taunus.

Im bischöflichen Konvikt Wilhelmsstift in Tübingen erklärte er seinem kirchlichen Vorgesetzten: «Von heute an besuche ich die Vorlesungen von Professor N. N. nicht mehr.» Damals wurden solche Provokationen schwer geahndet; in der Karwoche 1938 wurde er in die Psychiatrie zur Untersuchung, ob er denn überhaupt normal sei, eingeliefert. Nach drei Tagen stand das Ergebnis fest: «Der junge Mann ist völlig normal. Er hat nur einen etwas übertriebenen Reformeifer entwickelt.»

An der Theologischen Fakultät in Tübingen gab es damals auch imponierende Professoren wie den Dogmatiker Karl Adam, den Verfasser des Buches «Das Wesen des Katholizismus». Dennoch wurde Anton Rehm die Zulassung zum Priesteramt verweigert. Jetzt erst begann er sich ernstlich Rechenschaft zu geben, ob er überhaupt zum Priestertum berufen sei. Nach Rücksprache mit seinen Vorgesetzten kam er zur Überzeugung, dass Gott ihn nicht zum Priester berufen habe. Von 1939-47 ließ er sich vom Gebet leiten: «Weiss ich den Weg auch nicht, Du weisst ihn wohl. Das macht die Seele still und friedevoll.» Auch Pater Kentenichs Buch über die Werktagsheiligkeit kritisierte er in einem Brief an ihn. Der erfahrene Erzieher bedankte sich für den Brief und die Stellungnahme: «Aber seien Sie doch so freundlich», schrieb er, «und lesen Sie mein Buch erst dreimal durch, damit Sie die Zusammenhänge besser verstehen.» Für sich las Anton Rehm aus dieser Antwort heraus: «Erkennen Sie doch, was für ein oberflächlicher, überheblicher Theologiestudent Sie sind.» Von dieser Zeit an war für Anton Rehm Pater Kentenich der erfahrene Erzieher. Die Antwort Kentenichs hatte ihn nachdenklich gestimmt. Er sagte sich: «Fürchte nicht die Wahrheit über dich selbst!»

An der Theologischen Hochschule in Eichstätt besuchte er die Vorlesungen von Prof. Rudolf Graber über Askese und Mystik. Am 8. Dezember 1939 übergab er in Eichstätt durch die Vermittlung der Gottesmutter dem Dreifaltigen Gott eine Blankovollmacht über sein Leben. Drei Stunden später erhielt er den Stellungsbefehl nach Ingolstadt, wo er als Soldat ausgebildet wurde.

In der Brückenkopfkaserne in Ingolstadt saß eines Abends eine Gruppe junger Rekruten um das Feuer versammelt. Es war kurz vor Weihnachten. Ein brutaler Unteroffizier machte sich wichtig und ließ eine Serie übelster Nacktfotos zirkulieren. Anton Rehm ließ diese ganz unbemerkt bei sich zusammenkommen, packte die Aktbilder und warf sie ins Feuer.

In Polen erfuhr er in der Schreibstube, dass Theologiestudenten, die auf die Offizierslaufbahn verzichteten, einen Urlaub zum Studienabschluss erhalten konnten. Darum bewarb er sich und absolvierte so im Wintersemester 1940/41 bei Prof. Karl Adam in Tübingen das theologische Staatsexamen. Während des Krieges nahm er als Obergefreiter am Russland- und Italienfeldzug teil. Anton Rehm wurde weiterhin wunderbare Wege geführt:

Er heiratete Bärbl, arbeitete als Bildungsreferent in 15 Diözesen und wurde Diakon der Stefanus-Gemeinschaft.

Ein Brief Bärbls

Auszug aus einem Brief, den Bärbl vier Wochen nach ihrer Hochzeit an den Schönstattkreis in München, zu dem sie selbst gehörte, geschrieben hat.

Erzählen soll ich natürlich auch, wie es mir ergeht. Es geht mir sehr gut, körperlich und seelisch. Ich kann dem lieben Gott immer nur danken. Er hat alles so gut gemacht. Es wird mir auch von Tag zu Tag klarer, dass diese Ehe der Wille Gottes war. Ich kann und habe nun überhaupt keine Zweifel mehr darüber.

Von allen möglichen Seiten wird ja immer wieder Sturm gelaufen und es sind nicht die Schlechtesten, die in meiner Ehe einen Abfall vom Ideal sehen. Aber mir wird immer mehr klar, dass es für mich ein Hin zum Ideal bedeutet. Ich glaube mit jedem Tag Gott näher zu kommen auf diesem Weg und die Liebe und Hingabe in der Ehe vermehrt meine Liebe und Hingabe an Gott. Die Mutter hat es gut gemacht. Ich merke auch jetzt erst, wie einschichtig (einseitig) ich trotz aller Bemühung geworden wäre.

Wenn man in einer Gemeinschaft lebt, tauchen manche Fehler auf, die sonst gar nicht ans Tageslicht gekommen wären. Man reibt sich, es tut weh, aber es ist nur gut und ich hätte keinen geeigneteren Mann finden können, um vollkommener zu werden. Anton steht in vielen Din-

---

O.l.: Dreimal wunderbare Mutter; – o.r.: Marienbrunnen; – u.l.: Kreuz mit Maria von La Salette; – u.r.: Lourdesgrotte, kreiert von Pfarrer Martin Humpf zusammen mit freiwilligen Helfern zum dreissigjährigen Jubiläum des Gelöbnisses der Gemeinde Pfaffenhofen. Die Vorsehung hatte vorgearbeitet, denn der Aushub für diese Grotte war bereits durch eine amerikanische Fliegerbombe bewerkstelligt worden.

gen über mir; was Aszese und geordnetes Leben und Einhaltung einer Tagesordnung anbelangt, steht er weit über mir. Ich habe dafür in der Liebe die Führung und so ergänzen wir uns schön. Manchmal ist es auch schwer, recht schwer sogar. Jeder bringt seine Ideale mit, die oft in einer ganz anderen Richtung laufen als die eigenen und gewahrt sein müssen, sogar anerkannt werden müssen in Liebe und Ehrfurcht.

Aber man wächst in allem gegenseitig empor und dankt gemeinsam dem lieben Gott dafür. Ich glaube, es ist die Arbeit eines Lebens, den anderen ganz zu erkennen, in ihm ganz aufzugehen, ihn in seinen feinsten Regungen zu verstehen, zu achten und zu lieben. In mir wächst die Ehrfurcht von Tag zu Tag vor meinem Mann und damit vor Gott. Es ist mir alles wie ein Licht, durch das Gott strahlt, mal heller, mal dunkler.

Betet bitte für mich, ich habe es bisher jeden Tag auch für Euch getan, und schließt ins Gebet auch meinen Mann ein und jenes Seelchen, das uns der liebe Gott in heiliger Stunde wahrscheinlich schon geschenkt hat. Über unser Mütterlein (Gottesmutter) ist immer innig verbunden

Eure Bärbl

Pfarrer Martin Humpf im Rollstuhl anlässlich seines 60-jährigen diamantenen Priesterjubiläums am 29. Juni 1985 mit seiner Schwester Anna.

Die Untersuchungskommission befragt Bärbl

Die zweite vierköpfige Untersuchungskommission, die im Auftrag des Bischofs von Augsburg die Echtheit der Erscheinungen in Marienfried zu untersuchen hatte, besuchte Bärbl, die Hauptzeugin, in ihrem Heim in Gaisbeuren. Die Befragung der Seherin dauerte zwei Stunden, das Gespräch mit ihrem Ehemann eine halbe Stunde.

Bärbl als Frau und Mutter

In den ersten drei Ehejahren leiteten Anton Rehm und Diözesanjugendseelsorger Jupp Schneider gemeinsam die Katholische Land-Volkshochschule Burg Feuerstein am Eingang zur Fränkischen Schweiz in der Nähe von Ebermannstadt. Bärbl arbeitete als Hausmutter und als Referentin der Schule. Von 1955 bis 1969 arbeitete Anton Rehm, der ein abgeschlossenes Theologiestudium hat, als Bildungsreferent der Stefanus-Gemeinschaft. In fünfzehn Diözesen hielt er Vorträge und Kurse. Nach 1969 wurde er ausserdem erster Diakon der Gemeinschaft. Zu dieser Zeit kamen Neugründungen in der Schweiz, in Vorarlberg sowie in Tirol hinzu. Sein Beruf verlangte großen Einsatz. Er musste oft verreisen und blieb so leider oft auch an Wochenenden seiner Familie fern.

Die Stefanus-Gemeinschaft wurde vom Konvertiten Alfred Lange am 7. März 1948 in Aulendorf gegründet. Ihr Hauptsitz befindet sich im ehemaligen Zisterzienserinnenkloster Heiligkreuztal, das von Mitgliedern der Stefanus-Gemeinschaft in freiwilligem Einsatz während vielen Jahren renoviert und zu einem modernen Bildungshaus mit über 100 Übernachtungsmöglichkeiten und einem reichen Bildungsangebot ausgebaut wurde. Heilig-

Bärbl – eine glückliche Mutter mit ihrem Gatten Anton, ihren vier Töchtern und ihrem Jüngsten auf dem Schoß .

kreuztal befindet sich zwischen Sigmaringen und Riedlingen in einem Nebental der Donau.

Bärbl, praktisch veranlagt, führte das Hauswesen, kümmerte sich um ihre fünf Kinder, nahm an ihren Spielen und Sorgen teil, überwachte ihre Aufgaben. Um die Kinder für das Gebet anzueifern, formulierte sie selbst jeden Tag lebendige kindhafte Gebete. So erzog sie ihre Kinder zu gesunden und lebensfrohen Menschen.

Als das Ehepaar in Gaisbeuren bei Bad-Waldsee ein Haus bauen ließ, war es Bärbl, die mit dem Baumeister und den Arbeitern verhandelte. Da der ursprüngliche Bauplan zu kostspielig war, entschlossen sie sich für eine billigere Ausstattung. Um nichts brauchte sich ihr Mann zu Hause zu kümmern. In dem einstöckigen Haus mit vielen Zimmern und einem großen Garten mit Baumbestand verbrachten die fünf Kinder unter der liebevollen Betreuung ihrer Eltern ihre Kindheit.

Es ist verständlich, dass sie sehr an ihrer Mutter hingen. Eine Tochter und der Sohn, die nach der Mutter befragt wurden, gaben zur Antwort: «Sie war immer für uns da. Mit allen unseren Angelegenheiten konnten wir zu ihr kommen. Sie hatte für alles Verständnis.» Welch ein schönes Lob für eine Mutter!

Die Bürde des Alltags

Bärbl war genau die Frau, die sich Anton Rehm gewünscht hatte. Sie entsprach zunächst seiner Idealvorstellung. Also war es eine ideale Ehe? Keineswegs. Die Charaktere der Ehepartner waren zu verschieden; das führte immer wieder zu Spannungen und Diskussionen. Er ist ein Ideenmensch, sie war die praktische Frau, die gute Mutter. Gewiss hätte der Vater die Kinder mit mehr Strenge,

Bärbl als Großmutter.

aber mit weniger Verständnis erzogen. Allein die Mutter wusste, in welch tiefer seelischer Not ein Kind sein konnte; innere Vereinsamung wollte sie ihren Kindern ersparen. Es war gewiss nicht einfach, die unterschiedlichen Charaktere harmonisch zu lenken. Die Geburten ihrer fünf Kinder waren jedes Mal sehr schwer; gesundheitsbelastende Schwangerschaften waren vorausgegangen. Doch sobald das kleine Wesen jeweils da war, durfte Bärbl, die alles Schwache und Hilfsbedürftige liebte, es umsorgen und lieben.

Nie sprach sie mit ihren Kindern über ihre mystischen Erlebnisse. Meinte ihr Mann, man müsse endlich etwas unternehmen, damit die Erscheinung kirchlich anerkannt würde, so lenkte sie ihn mit den Worten ab: «Du willst dich doch nur wichtig machen.» Doch sprach sie mit ihrem Mann kaum über die Erlebnisse, die sie unauslöschlich geprägt hatten. Unvorstellbare beseligende Sehnsucht bedeutete die Erinnerung. Dann gaben ihr der Glaube an Gott und ihre Kinder den Halt, um weiterzuleben.

Warum redete sie nie über die Erscheinung? Es war ihr schwer genug gefallen, als sie Pater Bleiensteins und Pater Schmids Fragen beantworten musste. Ihre Erinnerung an die makellose Schönheit der Gottesmutter durfte nicht zerredet werden.

Jedes falsche Wort, jede sachlich gestellte Frage war für sie ein Schmerz. Mit Pfarrer Humpf hatte sie sprechen können, auch mit Anna, aber solche Menschen waren selten. Es bedurfte des Gleichklangs der Seelen, um zu verstehen. Jetzt darüber zu sprechen hätte für sie eine Kraftvergeudung bedeutet. Nur im Stillschweigen mehrte sich in ihr die Kraft, die sie für den Alltag mit seinen Anforderungen brauchte.

So wirklich, wie Sie hier vor mir sitzen

Der Anblick der Gottesmutter hatte sie bis ins Innerste getroffen; durch wenige Aussagen wissen wir darüber. Von ihrer Freundin Anna Humpf nach dreissig Jahren darauf angesprochen, sagte sie: «Dass ich die Gottesmutter gesehen habe, weiss ich sicherer, als dass ich fünf Kinder geboren habe.»

Der in Spanien lebende Dr. Siegfried Müller-Markus hatte Bärbl ungefähr dreissig Jahre vor ihrem Tod besucht. Ein Jahr vor ihrem Tod schrieb er ihr: «Ich habe die Begegnung mit Ihnen nie vergessen. Wir saßen an Ihrem Tisch und Sie sagten: ‹Eher habe ich meine fünf Kinder nicht geboren, als dass ich die Gottesmutter nicht gesehen habe. Sie erschien mir ebenso wirklich, wie Sie hier am Tisch sitzen.› Wir gingen dann zu Ihrer großen Bibel, die auf dem Nachbartisch lag, und ich schlug die Geheime Offenbarung auf. Dort fanden wir den gleichen Stil wie im Hymnus der heiligen Engel.»

Bärbls Krankheit und Tod

Nicht immer war Bärbl eine gesunde Frau gewesen; das bezeugten ihre schweren Schwangerschaften. Dennoch schenkte sie fünf Kindern das Leben und umsorgte sie mit viel Liebe.

Als sie das Alter von vierzig überschritten hatte, fühlte sie sich immer wieder arbeitsunfähig und wie zerschlagen. Nur mit äusserster Anstrengung, die an Selbstverleugnung grenzte, raffte sie sich dann auf, um ihre Familie zu versorgen.

Erst zehn Jahre vor ihrem Tod stand die Diagnose fest: Multiple Sklerose, diese schleichende, bisher nicht heilbare Krankheit. Langsam sterben die Funktionen des Zentralnervensystems ab, vor dem Tod kommt es zur vollkommenen Lähmung. Die fünf Kinder der Familie hatten bereits ihre eigenen Familien oder standen im Beruf. Sie alle wohnten 50 bis 100 Kilometer entfernt vom elterlichen Haus. Mit ihrer Liebe wollten sie der Mutter helfen. Meist kamen sie sonntags, aber auch wochentags mit ihren Familien zu Besuch. Das gab jedesmal eine stürmische Begrüßung; Bärbl als Mutter, Schwiegermutter und Großmutter stand im Mittelpunkt. In solchen Stunden vergaß Bärbl ihr eigenes Kreuz. Doch nach ein bis zwei Stunden war sie so müde, dass sie sich nach Ruhe sehnte. Schlimm erging es ihr in den letzten drei Lebensjahren.

Zuerst brauchte sie einen Stock als Stütze, dann Krükken, hierauf ein Zweirad-Wägelchen, schließlich einen Rollstuhl. Als sie für das Treppensteigen in den ersten Stock zuerst fünf Minuten brauchte, später eine halbe Stunde, als auch Krankenhausaufenthalte keine Linderung brachten, entschloss sich die Familie, die Mutter zuhause in der heimeligen Stube zu versorgen. Dies war zunächst mit Hilfe technischer Mittel ganz gut möglich: Ein fahrbares, vielfach verstellbares Bett erleichterte die Pflege, ebenso eine Spezialmatratze, die das Aufliegen verhinderte. Zusätzlich wurde ein Bettenlift angeschafft, um die Kranke für die tägliche Körperpflege aus dem Bett zu heben.

Die Krankheit schritt fort und jede Lageveränderung der Kranken wurde für sie zu einer nicht mehr zumutbaren Plage, die oft mit einem Kollaps endete; nichts anderes als ein beständiges Im-Bett-Liegen blieb übrig. Durch das viele Liegen entstanden Aufliegewunden (Dekubitus), die täglich verbunden wurden, aber nicht heilten. Bald traten Lähmungen auf sowie schmerzhafte Muskelverkrampfungen. Gekreuzt lagen ihre Beine übereinander, so dass sie kaum mehr voneinander zu lösen waren, dann verkrampften sich auch ihre Hände. Bald konnte sie den Kopf nicht mehr bewegen. Essen und Trinken wurden für Bärbl immer schwieriger. Es wurde eine Kochsalz-Infusion notwendig.

Bei ihrem letzten Krankenhausaufenthalt fragten zwei ihrer Töchter: «Mama, willst du uns nicht etwas sagen?», womit sie auf das Geschehen in Marienfried anspielten. «Nicht hier», antwortete Bärbl, «erst zu Hause». Aber vierzehn Tage später, zu Hause, konnte sie nicht mehr sprechen. Ihr Geist aber blieb hellwach bis zuletzt.

Kreuz ist Gnade

Anton Rehm begriff Bärbls Leidenszeit als eine Zeit großer Gnade für beide. Für Bärbl war es die letzte Station ihres Kreuzweges, die Vollendung bis zum «Consumatum est – Es ist vollbracht». Für ihn war noch Zeit, die versäumte Herzlichkeit nachzuholen, denn bisher hatte er im ehelichen Zusammenleben diesbezüglich einiges unterlassen. Ideenmenschen wie er haben es schwer, die Liebe vor die Wahrheit zu stellen. Wie oft hatte ihm Bärbl gesagt: «Du mit deinem Thomas und seiner Wahrheit, die Liebe ist die Hauptsache.»

Jetzt aber begrüßte er seine stumme Frau jeden Morgen mit den Worten: «Meine Liebste» und küsste sie. Die Morgenandacht begann er mit einem Lied, das seiner Frau ein Lächeln entlockte, denn er traf oft nicht den richtigen Ton. Er zündete eine Kerze an, die in der Tischecke stand, und betete den Dreifaltigkeitshymnus von Marienfried vor, dann formte er aus dem Tagesevangelium Rosenkranz-Gesätzchen und abends beteten sie den Immaculata-Rosenkranz, wo sie, wie es die Muttergottes freigestellt hat, statt Vaterland auch andere Worte einsetzten, z.B. «für unsere Familie», «unsere Pfarrei», «unseren Heiligen Vater», «unsere Bischöfe», «unsere Priester», «unser krankes Kind», oder wie in Amsterdam «für alle Völker». Als Diakon durfte er ihr auch täglich die heilige Kommunion bringen.

Bärbls Schwester Lore, eine der Zwillingsschwestern, kam jeden Donnerstag ganztägig, verrichtete die Hausarbeit und half in der Pflege. Auch ihre Geschwister und andere Familienmitglieder besuchten sie so oft wie möglich. Ordens- und Weltgeistliche kamen, segneten sie und beteten mit ihr. Eine Ordensfrau versicherte, dass sie durch Bärbl oft an die hl. Theresia vom Kinde Jesus erinnert werde. Sogar ein Bischof besuchte sie. Hilfe gewährte auch die Hospizgruppe Bad Waldsee. Nachbarsfrauen und befreundete Frauen aus der Gemeinde besuchten sie und halfen. Eine Nachbarin kümmerte sich um die Wäsche und um das Hauswesen. Auf Telefonanruf war sie jederzeit zur Hilfe bereit.

Als eine Gruppe von Marienfried Bärbl besuchte, allen voran Anna Humpf, freute sich Bärbl sehr, aber auch über den Besuch des neuen Benefiziaten Hagenauer von Marienfried und zwei neuen Marienschwestern war sie sehr erfreut. Der vom Bischof eingesetzte geistliche Direktor von Marienfried, Msgr. Josef Fickler, lernte die bereits stumme, aber freundlich lächelnde Frau noch kennen: Sie schenkte das, wozu sie noch fähig war: ein freundliches Lächeln.

Bärbls Tod

Am 4. November 1996, um 1 Uhr nachts, am Fest Unserer Lieben Frau von Pötsch in Wien und Ungarn, verlöschte ihr Leben. Bärbl wurde von Gott in die ewige Heimat gerufen.

Ihre Geschwister verloren die älteste Schwester, ihre Kinder und Enkelkinder die Mutter und Großmutter, ihr Gatte nahm Abschied von seiner Frau. Sie war in seinen Augen eine ganz normale, tüchtige Hausfrau, eine Gehilfin, wie die Bibel sie schildert. In ihrem Innern war sie voll des Glaubens und des Heiligen Geistes, voll Liebe und Wärme, immer aufmunternd, eine Werktagsheilige.

Bereits drei Wochen vorher, am 13. Oktober 1996, dem Fatima-Tag, durfte Pfarrer Martin Humpf, der unermüdliche Kämpfer für die kirchliche Anerkennung Marienfrieds, seine Seele durch die Hände Mariens seinem himmlischen Vater übergeben.

Am 8. November 1996 fand in der benachbarten Wallfahrts- und Pfarrkirche von Reute der Trauer- und Dankgottesdienst für Bärbl statt, unter Leitung von Herrn Pfarrer Otto Maurer aus Ammerfeld, Erster Vorsitzender des Marienfried e. V. und Diözesanpräses der Schönstattfamilie der Diözese Eichstätt. Unter den zehn Konzelebranten waren der Ortspfarrer von Reute, Karl Eiberle, Dekan Dr. Josef Utz und Altabt Dr. Thomas Niggl OSB, sowie befreundete Ordens- und Weltgeistliche.

Über die Marienbotschaft durfte, auch nach mehr als 50 Jahren, immer noch nicht gesprochen werden. Die geräumige Wallfahrtskirche war voll besetzt. Viele der regelmäßigen Wallfahrer waren von auswärts gekommen, kirchliche Gemeinschaften, die mit Marienfried eng verbunden sind, so das Fatima-Apostolat, die Marianische

Priester- und Jugendbewegung, die Legion Mariens und andere marianische Gruppen.

Nach dem Requiem fand die Beerdigung auf dem Friedhof der Pfarrei Reute statt. Zu Teilnehmern, die kondolierten, sagte Herr Rehm: «Sie sollten Bärbl lieber gratulieren, denn endlich hat für sie die 50jährige ungerechte Behandlung ein Ende gefunden.»

Eine seltsame Verknüpfung

In der genannten Wallfahrts- und Pfarrkirche befindet sich der Sarkophag der seligen Elisabeth von Reute, Tochter des Leinenwebers Achler, später vom Volk nur «die Gute Beth» genannt.

Sie lebte 1386-1420 in einer Zeit schwerer kirchlicher Krisen, der Pest-Epidemien sowie auch des Beginns der Hussitenkriege. Doch selbst in einer solchen Zeit der Verwirrung schufen Baumeister und Bildhauer gotische Münster zu Gottes Ehre. 1403 bezogen Mädchen aus Waldsee, unter ihnen Elsbeth Achler, ein wiedergegründetes Klösterchen, um dort in der Nachfolge des Heiligen von Assisi zu leben.

Während zwei Schwestern täglich in der Umgebung betteln mussten, versah Elsbeth mit einer Mitschwester den Küchendienst in strengster Klausur. Beth erfüllte ihre Pflichten sehr gewissenhaft. Sich täglich ins Leiden Christi versenkend, empfing sie die Stigmen.

Auf einem Relief der entschlafenen Ordensfrau ist folgender Text in lateinischer Sprache angebracht: «Sie zeichnete sich durch verschiedene Wunder aus, vor allem wegen der an ihr sichtbar gewordenen Wundmale Christi. Zwölf Jahre lang bedurfte sie keiner Erquickung wie Nahrung, Schlaf oder sonst Notwendigem.»

Nach ihrem Tod begannen die Pilgerfahrten zu ihrer Grabstätte. Wegen der häufigen Bitte um ihre Seligsprechung ließ man ihr Grab in Anwesenheit von sechs Chorherren nach 200 Jahren öffnen. Die Kommission fand die Tote so vor, wie sie seinerzeit beigesetzt worden war: die Gebeine in natürlicher Lage, die Hände über der Brust gekreuzt. Von dieser Zeit an pilgerten Wallfahrer, auch in Gruppen, ja sogar in Prozessionen zu ihrem Grab.

Vom 31. Mai bis 9. Juni 1767 erlebten 150'000 Gläubige aus nah und fern ihre feierliche Seligsprechung. Noch heute wird die Gute Beth verehrt.

Im Mittelalter wurden die vierzehn Nothelfer sehr verehrt. Wegen ihrer mächtigen Fürbitte bei Gott wurde die Gute Beth vom gläubigen Volk mit der Zeit in den Rang einer Nothelferin erhoben und als solche angerufen.

Elisabeth von Reute, die «gute Beth».

Die Bedeutung Marienfrieds für unsere Zeit

Die Erscheinung im Licht der Apokalypse

Der Erzengel Gabriel brachte der Jungfrau Maria von Nazaret die Botschaft ihrer Erwählung zur Mutter Christi. Weil Maria einwilligte, weil sie den Worten des Engels glaubte, wurde Christus geboren. Ihr Ja war gleichsam der Grundstein der kommenden Kirche. Deshalb ist Maria auch die Mutter der Kirche; in der Apokalypse wird Maria wie auch die Kirche als «die Frau» bezeichnet.

«Am Himmel erschien ein großes Zeichen: eine Frau, mit der Sonne umkleidet, den Mond unter ihren Füßen und eine Krone mit zwölf Sternen auf ihrem Haupt.

Sie war gesegneten Leibes und schrie in Wehen und Geburtsnöten: Noch ein anderes Zeichen erschien am Himmel: ein großer feuriger Drache mit sieben Köpfen und zehn Hörnern und sieben Kronen auf den Köpfen. Sein Schweif fegte den dritten Teil der Sterne weg und warf sie auf die Erde. Der Drache stand vor der Frau, die gebären sollte; er wollte ihr Kind verschlingen, sobald es geboren war... Da erhob sich ein großer Kampf im Himmel. Michael und seine Engel kämpften mit dem Drachen und der Drache kämpfte mit seinen Engeln. Aber sie vermochten nicht standzuhalten. So wurde der große Drache gestürzt» (Offb 12,1-18, gekürzt).

Diese prophetischen Stellen der Geheimen Offenbarung zeigen den Verlauf der Weltgeschichte auf. Bis zum Weltenende kämpft die Frau gegen den Drachen, das heisst, die Muttergottes gegen den Satan und seinen Anhang. Doch ist tröstlich vorausgesagt: Maria wird dem Drachen den Kopf zertreten; sie ist es, die ihn vernichten wird.

Nicht Gott und Satan sind direkte Gegensätze, wie wir so oft infolge unseres oberflächlichen Denkens annehmen. Welch ein Irrtum! Wie sollte denn der Dreifaltige Gott, Schöpfer des Himmels und der Erde, einen ebenbürtigen Widersacher haben? Dann wäre er nicht Gott. Gott allein ist der Lebendige, allein der Ewige. In der Reihe der mit Geist und freiem Willen ausgestatteten Geschöpfe, den Engeln sowie den Menschen, gibt es äusserste Gegensätze: Hier Maria, die Mutter Jesu – dort Satan, auch Luzifer genannt. Maria ist von strahlender Reinheit. Satan hingegen, einst höchster Engel und Lichtträger Gottes, wurde durch seinen Abfall zum Anführer der gefallenen Engel. Mit höchster geistiger Erkenntniskraft ausgestattet, rebellierte er in unfassbarem Hochmut gegen Gott. Deshalb fiel er, ein Stern am Himmel des Allerhöchsten, vom Himmel in den Abgrund der eigenen Vergötzung.

Seit Erschaffung der Menschheit bemüht er sich, die Menschen mit seinen Versprechungen zu umgarnen: «Ihr werdet sein wie Gott.» Ja, heute verführt er die Menschen noch viel schlimmer: «Ihr selbst seid Götter. Gott ist nur eine Erfindung des Menschen.» Und man glaubt ihm. Wie denn? Der Mensch ist abhängig vom dem, was ihm Gott vorgegeben hat. Er ist nicht imstande, sich eine Form oder eine Farbe vorzustellen, die er in der Natur nicht vorfindet.

Selbst in der Kirche Gottes tobt sich Satan heute aus. Das gelingt ihm um so leichter, als heute der Großteil der Priester ängstlich jedes Wort über den Teufel, den Widersacher, vermeidet. So schwindet allmählich die Wahrheit aus dem Bewusstsein der Gläubigen.

Ein Vergleich mit anderen Erscheinungsstätten

In den drei großen Erscheinungsorten La Salette, Lourdes und Fatima sprach die Gottesmutter zu Hirtenkindern, die, obwohl des Lesens und Schreibens unkundig, das Anliegen Marias mit ihren Herzen erfassten:

Buße, Gebet, Opfer, Sühne für die Sünder. Wortgetreu überbrachten die Kinder die Botschaft der Gottesmutter. Maria forderte sie auf, täglich den Rosenkranz zu beten. Sie sprach auch als Prophetin: In La Salette sagte sie sogar den Spiritismus voraus, der sich wie eine Epidemie in Nord- und Südamerika ein Jahr später ausbreiten sollte.

Jahrzehnte danach erreichte er Europa und griff sogar in die Politik ein, bedenkt man, dass Hitler durch okkulte Schriften sein Konzept gefunden hat. In Russland führte das blinde Vertrauen, das die Zarenfamilie, vor allem die Zarin, dem Pseudomystiker und Spiritisten Rasputin entgegenbrachte, zum Zerfall der Monarchie.

Allgemein bekannt ist die Voraussage der Gottesmutter 1917 in Fatima: Wenn sich die Menschen nicht bessern, würde es noch unter dem Pontifikat Pius XI. einen Zweiten Weltkrieg geben, der um vieles schlimmer würde als der Erste. Ein seltenes Himmelszeichen zeige den kommenden Krieg an. An einem Dienstag im Januar 1938 war gegen Mitternacht der ganze Himmel mit einem roten Licht, dem Nordlicht, überzogen, das Hunderttausende sahen. Auch auf Pfarrer Humpf hatte diese Himmelserscheinung großen Eindruck gemacht. Am 1. September 1939 begann der Zweite Weltkrieg.

Die Unterschiede zu den großen Erscheinungsstätten sind nur äussere: Bärbl war kein armes Hirtenmädchen, sondern stammte aus einer angesehenen Familie. Vor den Erscheinungen hatte sie längst die Mittelschule abgeschlossen, und sie war zur Zeit der Erscheinungen 22 Jahre alt. Ihre Armut war eine andere: der frühe Verlust der Mutter, seelische Vereinsamung, Krankheiten.

Auch in Marienfried warnt die Gottesmutter: Die Welt solle sich bekehren. Ein fürchterliches Wehe stehe sonst bevor. In Lourdes hatte sich Maria als die Unbefleckte Empfängnis bezeichnet.

In Marienfried stellte sie sich unter zwei Namen vor: «Ich bin das Zeichen des lebendigen Gottes» und «Ich bin die große Gnadenvermittlerin».

Während La Salette und Lourdes bereits nach fünf Jahren kirchlich anerkannt wurden und Fatima nach vierzehn Jahren, steht die kirchliche Anerkennung Marienfrieds bis heute noch aus. Es habe in Marienfried kein Wunder gegeben, wurde eingewendet. Doch hat die Muttergottes in Marienfried ausdrücklich betont: Wir stünden in einer Zeit, in der alle irre werden, die nur der sichtbaren Wunder wegen glaubten. Ihnen gereichten Zeichen nur zur größeren Verantwortung.

Als große Gnadenvermittlerin zeigt sich Maria als die Liebende, die um jedes ihrer Kinder besorgt ist. Sie bietet uns an, ihr makelloses Herz an die Stelle unserer sündigen Herzen zu setzen. Ein unfassbar gnadenreiches Angebot! Doch was Wunder angeht: Der Dreifaltigkeitshymnus, gesungen von Engeln, ist ein einzigartiges Wunder. Bärbl musste die Worte laut wiederholen, Pfarrer Humpf stenographierte mit. Nie und nimmer ist der Dreifaltigkeitshymnus das Produkt eines Menschen.

Dr. Josef Stimpfle (vom 11. September 1963 bis 30. März 1992 Bischof von Augsburg) hat Marienfried offiziell als marianische Gebetsstätte anerkannt. (Amtsblatt der Diözese vom 8. Juli 1974.) Er starb am 12. September 1996, fast gleichzeitig mit den beiden Hauptzeugen Martin Humpf († 13. Oktober) und Bärbl († 4. November). Am 5. Oktober 1974 hat er die große Marienfried-Kirche nach dem Brand neu eingeweiht.

Kommentar von Bischof Graber

Eine historische Predigt

Vom 24. auf den 25. Juli 1976 weilten wieder Tausende von Gläubigen auf Einladung der Blauen Armee Mariens/Schwaben in Marienfried bei Pfaffenhofen/Roth.

Trotz des regnerischen und kühlen Wetters am Samstag nahmen die meisten von ihnen an der abendlichen Lichterprozession teil und beteten die ganze Nacht durch.

Am Sonntag konnte Pfarrer Michael Beer mehr als 8000 Teilnehmer beim Pontifikalgottesdienst, der vom Regensburger Diözesanbischof Dr. Dr. h. c. Rudolf Graber im Freien zelebriert wurde, begrüßen.

Die Predigt, die Bischof Grabers in diesem Gottesdienst hielt, ist ein Markstein in der Geschichte Marienfrieds.

Marienfried begeht heuer ein Jubiläum. Vor fast einem Menschenalter, genau vor dreissig Jahren, am 25. April, am 25. Mai und am 25. Juni 1946, soll die Gottesmutter hier erschienen sein. Ich sage ausdrücklich «soll», weil ich dem kirchlichen Urteil nicht vorgreifen will. Das gilt für meine ganzen Ausführungen. Trotzdem können wir eines tun. Wir werden das, was Maria damals sagte, untersuchen und einer Prüfung unterziehen, einmal, ob das von Maria Gesagte nicht der großen allgemeinen Offenbarung widerspricht und wenn das der Fall wäre, dann müssten die Akten über Marienfried geschlossen werden. Das ist nicht geschehen. Man kann aber noch etwas anderes tun. Man kann das, was vor dreissig Jahren gesagt wurde, mit unserer Gegenwart vergleichen. Sollte sich herausstellen, dass vieles auf unsere Zeit zutrifft, so ist damit zwar auch noch nicht der übernatürliche Charakter der sogenannten Offenbarung bestätigt, aber es ist doch ein Hinweis gegeben für das Verständnis unserer Zeit und darüber hinaus eine Mahnung oder Warnung, die wir ernst nehmen sollen. Ich betrachte dann die Texte rein literarisch und nehme sie so, wie ich z.B. Nietzsche zitiere mit seiner Voraussage des europäischen Nihilismus, Dostojewski mit seinem Wort «Der Westen hat Christus verloren, daran muss er zugrunde gehen», oder den Spanier Donoso Cortes, der «die heilsame religiöse Erneuerung Europas für unwahrscheinlich» hält, oder Anna Katharina Emmerich, die 1820 schaute, wie viele Menschen mit weissen, blaueingefassten Schürzen und Kellen im Gürtel die Peterskirche in Rom einzureissen versuchen. Ich werde nie und nimmer sagen, dass alle diese Aussagen übernatürlichen Ursprungs sind, aber ich werde sie alle sehr ernst nehmen und werde sie prüfen an der Zeitsituation. Niemand kann mir verbieten, das auch bei Marienfried zu tun, wobei ich betone, dass damit gar nichts über die Übernatürlichkeit dieser sogenannten Offenbarungen ausgesagt ist. Wir betrachten sie rein als Produkte des Jahres 1946 und interpretieren sie im Blick auf das Jahr 1976.

Beginnen wir mit dem beherrschenden Ausdruck: «Ich bin die große Gnadenvermittlerin», ein Wort, das heute bei vielen auf Ablehnung stößt. Aber das Wort «Mittlerin» ist sanktioniert durch das Konzil und, was noch schwerer wiegt, das Konzil beruft sich in den Anmerkungen auf die Lehre der Päpste Leo XIII. und Pius X., Pius XI. und Pius XII. Nebenbei bemerkt, ich habe den Eindruck, dass so manche, die heute das Konzil ablehnen wegen seines angeblichen Modernismus, sowohl die Texte nicht genau studiert und noch weniger die zahlreichen Anmerkungen beachtet und nachgeschlagen haben. Das Konzil verarbeitet mehr Tradition als wir ahnen. So sagte Leo XIII.: «Sie, die einst Gehilfin war im Geheimnis der Erlösung des Menschengeschlechtes, sollte nun auch zur ‹Ausspenderin werden aller Gnaden...›, und zu diesem Zweck wurde ihr eine fast unermessliche Macht verliehen». Pius IX. und Pius X. nennen Maria «die mächtige Mittlerin und Versöhnerin der ganzen Welt», und Pius XII., der marianische Papst, sagt: «Christus, der einzige Mittler zwischen Gott und den Menschen hat sich seine Mutter an die Seite geholt als Fürsprecherin der Sünder, als Verwalterin und Vermittlerin der Gnade». Marienfried steht zum Konzil und zur Tradition.

Dazu kommt noch folgendes. Es sind heuer 100 Jahre verflossen, seit die hl. Katharina Labouré zu Gott heimging. Sie ist die Heilige der Wunderbaren Medaille. Maria sagte damals zur jungen Klosterfrau: «Die Strahlen (die von Mariens Händen ausgingen) sind ein Sinnbild der Gnaden, die ich über jene ausgieße, die mich darum bitten.» Marienfried ist die Fortsetzung von Paris 1830 in der Rue du Bac. Die Kirche hatte im alten Missale in den «Messen für bestimmte Orte» sowohl ein Formular zu Ehren Mariens als Mittlerin aller Gnaden (8. Mai) und sogar ein Formular zu Ehren der Unbefleckt Empfangenen von der heiligen Medaille (27. November). Es ist sehr zu bedauern, dass diese Messen ins neue Missale nicht mehr aufgenommen wurden.

Was sich aus alledem für uns ergibt, ist dies, dass wir mehr wie bisher Maria als die große Gnadenmittlerin anrufen.

Der großen Gnadenvermittlerin tritt entgegen der Teufel, der der «Stern des Abgrundes» genannt wird. Man hat in dieser Bezeichnung einen Hinweis auf Offb 9,1 erblicken wollen, wo der Seher einen Stern vom Himmel auf die Erde fallen sieht, der nun seinerseits den Schacht zur Unterwelt öffnet und ein dämonisches Heer in Form von Heuschrecken oder Skorpionen entfesselt. Vielleicht müsste man auch an das erste Henochbuch – um ungefähr 70 vor Christus entstanden – denken, wo sieben Himmelssterne in den Abgrund hinabgestoßen im Feuer brennen. Marienfried glaubt an den Teufel, es hat somit den Teufel nicht verabschiedet, wie man es heute lesen kann, aus dem einfachen Grund, weil es sich leichter und fröhlicher leben lässt ohne Sünde, Teufel und ohne Hölle. Tu, was du willst und genieße das Leben! Wir haben soviel abgeschafft, nun geben wir auch dem Teufel den Abschied. Wie sagte Papst Paul VI. am 29. Juni 1972: «Der Rauch Satans ist durch einen Riss in den Tempel Gottes eingedrungen», d.h. in die Kirche. Marienfried steht zum Papst.

Und wir sollten sehr aufmerksam sein auf das, was hier über den Teufel gesagt wurde. Wenn hier von «Tagen der Dunkelheit» gesprochen wird, deckt sich das nicht vollständig mit dem, was der Heilige Vater von der «Stunde der Finsternis» und von der «Nacht ohne Sterne» sagt, die sich heute über die Menschheit herabsenkt? Aber wichtiger als dies ist folgendes.

Wenn man Marienfried genau studiert, dann ist es die Interpretation von Apokalypse 12, wo der «große, rote Drache», der Krieg führt gegen die sonnenumkleidete Frau und sie und ihr Kind zu vernichten sucht. Wie heisst es hier? «Der Stern des Abgrundes wird wütender toben

Bischof Graber. Am 25. Juli 1976 zelebrierte er das Pontifikalamt und hielt eine aufsehenerregende Predigt.

denn je und furchtbare Verwüstung anrichten... der Teufel wird nach aussen eine solche Macht bekommen, dass alle, die nicht fest in mir (in Maria) gegründet sind, sich täuschen lassen... der Teufel weiss die Menschen zu blenden, dass sich sogar die Besten täuschen lassen.

Ich frage mich allen Ernstes, ob nicht dies bereits eingetreten ist. In der Unmenge von Briefen, die ich erhalte, kehrt immer die Frage wieder: Was sollen wir noch glauben? Ist alles falsch, was wir früher getan haben? – Man hat heute ein wunderbares Wort erfunden, um diesen Zustand der Verwirrung noch zu rechtfertigen, und dieses Zauberwort heisst Pluralismus. Damit kann ich heute alles begründen.

Wenn der eine den Teufel leugnet und der andere – und das ist der Papst in seinem Credo des Gottesvolkes – vom Feuer spricht, das niemals erlischt, so ist das Pluralismus. Wenn der eine der Kirche die Unfehlbarkeit abspricht und der Papst bekennt, dass die von Christus gegründete Kirche unfehlbar ist, so ist das eben Pluralismus. Wenn der eine in der Heiligen Messe nur ein Mahl sieht und der andere mit dem Papst darin auch ein Opfer, so ist das Pluralismus. Wenn für den einen Christus nur «ein persönlicher Botschafter, Treuhänder, Vertrauter, Freund Gottes» ist, für uns aber der wahre Sohn Gottes, das ewige Wort, gezeugt vom Vater vor aller Zeit und wesensgleich mit ihm, so ist das Pluralismus. Wenn für die einen die Kirche eine Sammelbewegung für soziale Revolution, für Befreiung vom Kolonialismus und für teilhard'sche Evolution, und für die anderen das pilgernde Gottesvolk, das

---

Priestergrab von Pfarrer Martin Humpf südlich der Wallfahrtskirche. Die Inschrift: «Christus vincit – Christus siegt.»

PRIESTERGRAB
CHRISTUS
VINCIT
PFR. GR.
MARTIN HUMPF
GRUNDER VON
MARIENFRIED
*9.9.1907†15.10.1996

sich vollendet jenseits aller Zeitlichkeit in der ewigen Herrlichkeit, so ist das auch nur Pluralismus.

Wenn das alles so ist, dann ist Wahrheit Lüge und Lüge Wahrheit, dann sperren wir die Kirchen zu und rufen: Tu, was du willst und alles ist gut. – Noch etwas ist in diesem Zusammenhang auffallend. In der Apokalypse wird von der sonnenumkleideten Frau gesagt, dass sie vor dem Drachen in die Wüste floh (Offb 12,6;14).

In Marienfried werden Maria die Worte in den Mund gelegt: «Ich muss mich mit meinen Kindern zurückziehen.» Erinnert das nicht an einen Buchtitel, der da lautet: «Abschied von Maria», allerdings mit einem Fragezeichen versehen. Ich frage mich: Besteht nicht ein innerer Zusammenhang, wenn man auf der einen Seite dem Teufel den Abschied gibt und auf der anderen Seite der Gottesmutter?

Maria ist nun einmal seit den Tagen des Paradieses zum Gegenpol der Schlange gesetzt. Zu denen, die Maria den Abschied gaben, rechne ich auch die Befürworter von «Ave Eva». Mögen sie tausendmal uns versichern, dass sie durch dieses Stück Maria gerade in unsere Gegenwart hineinstellen wollen, sie sollen uns zeigen, ob auch nur einer, der dieser Aufführung beiwohnte, in seiner Liebe zu Maria gewachsen ist und sich zum Rosenkranzgebet entschlossen habe; mögen sie tausendmal darauf hinweisen, dass in diesem Stück kein einziges

---

Begräbnis von Bärbl Rehm-Ruess am 8. November 1996 auf dem Friedhof von Reute. Die vier jungen Männer, die den Sarg trugen, waren ihr Sohn und ihre drei Schwiegersöhne. Hier, ganz in der Nähe des Grabes der stigmatisierten seligen Elisabeth von Reute (1386-1420) ruhen ihre sterblichen Überreste bis zur Auferstehung von den Toten.

Dogma direkt geleugnet werde – ich gebe es zu – aber Dogmen sind keine mathematischen Lehrsätze, sondern umschreiben übernatürliche Wirklichkeiten, denen ich nur mit unbegrenzter Ehrfurcht nahen darf. Dass man dies heute übersieht, zeigt schon, wie tief die Spaltung in der Kirche ist und dass nicht bloß der Rauch Satans, sondern er selber eingebrochen ist in das Allerheiligste und selbst die Besten zu blenden versteht. Enthüllt Marienfried nicht schauerlich unsere Zeit?

Wir haben vorhin davon gesprochen, dass Marienfried bestätigt, was Maria 1830 zur hl. Katharina Labouré gesagt hat. Marienfried unterstreicht auch die Botschaft von La Salette. In der Bergeinsamkeit der Dauphiné beklagt 1846 Maria, dass sie «gezwungen ist, den Arm ihres Sohnes fallen zu lassen; er lastet so schwer, dass sie ihn nicht mehr länger zurückzuhalten vermag».

In Marienfried ist das angekündigte Strafgericht eingetreten: Der Vater goss seine Zornesschale über die Völker, weil sie seinen Sohn verstoßen haben... Die Welt muss den Zornesbecher bis zur Neige trinken wegen der unzähligen Sünden, wodurch sein Herz beleidigt wird.

In Lourdes 1858 hatte Maria sich Bernadette gegenüber als die Unbefleckte Empfängnis ausgegeben. In Marienfried wird der Immaculata-Rosenkranz empfohlen. Durch Mariens Unbefleckte Empfängnis erfolgt die Rettung und Heiligung unseres Vaterlandes.

So ist es nicht verwunderlich, dass Marienfried auch die Botschaft von Fatima aufgreift. Damals in Portugal hat die allerseligste Jungfrau am 13. Juli 1917 klar und eindeutig die Alternative aufgezeigt.

Entweder erfüllt man ihre Bitte um die Weihe Russlands an ihr Unbeflecktes Herz und die Sühnekommunion am ersten Samstag des Monats, oder aber es gibt Krieg, Verfolgung der Kirche: «Die Guten werden gemartert, der Heilige Vater wird viel zu leiden haben, mehrere Nationen werden vernichtet.» Aber dann doch der tröstliche Ausblick: «Am Ende wird mein Unbeflecktes Herz triumphieren.»

Marienfried spricht von den «blutigsten Tagen», die kommen werden, es spricht vom Teufel, der «meine Kinder verfolgt». Aber auch hier bricht immer wieder die Hoffnung durch auf den Sieg Gottes: «Der Stern wird mein Zeichen verfolgen. Mein Zeichen aber wird den Stern besiegen.»

Es ist ein gigantischer Kampf, der da entbrennt, in dem gerade dieses Zeichen Mariens eine große Rolle spielt: «Viele haben sich um mein Zeichen geschart... einige ließen sich mein Zeichen schon eindrücken und es werden immer mehr werden... Mein Zeichen ist im Erscheinen. So will es Gott.

Nur meine Kinder erkennen es, weil es sich im Verborgenen zeigt... Wählt euch mein Zeichen, damit der Dreieinige bald von allen angebetet und geehrt wird»... Und wieder: «Wählt euch mein Zeichen, damit dem Dreieinigen bald die Ehre werde.»

Das sind rätselhafte Worte. Was ist mit diesem Zeichen gemeint? Beim Propheten Ezechiel (9,4;6) werden all die mit dem Zeichen Tau, einem Kreuz, auf der Stirn gekennzeichnet, die «wehklagen über alle Greuel, die in ihrer Mitte begangen werden»; und deshalb bleiben sie verschont von Tod und Vernichtung, und ähnlich sind in der Apokalypse die 144'000 auf der Stirne mit dem Namen des Vatergottes besiegelt; die «dem Lamme folgen, wohin es geht» (14,1;4). Ist Maria aber nicht selbst das «große Zeichen», das am Himmel erscheint, wie es in der Apokalypse heisst (12)?

Damit stimmt Marienfried wieder überein: «Ich bin das Zeichen des lebendigen Gottes. Ich drücke mein Zeichen meinen Kindern auf die Stirne. Der Stern wird mein Zeichen verfolgen. Mein Zeichen aber wird den Stern besiegen.» Jedenfalls das eine ist sicher: Wir scharen uns um das Zeichen des lebendigen Gottes, um Maria.

Aber das hat Konsequenzen. Damit berühren wir jenen Teil von Marienfried, der ernste Forderungen an uns stellt. Bisher verlief alles doch einigermaßen gut und die verkündete Zornesschale und der Zornesbecher trifft ja doch die anderen, nicht uns, die wir uns ja ein klein wenig pharisäerhaft geborgen wissen unter dem Schutzmantel Mariens und denen der Sieg über den Stern des Abgrundes verheissen ist. Aber nun geht es uns, gerade uns an.

Es heisst: «Die Welt wurde meinem Unbefleckten Herzen geweiht, aber die Weihe ist vielen zur furchtbaren Verantwortung geworden. Ich verlange, dass die Welt die Weihe lebt.»

Wegen dieses einzigen Wortes möchte ich Marienfried für echt halten, weil es endlich einmal den Finger auf das Entscheidende legt, das so gar nicht nach unserem Geschmack ist.

Ist es nicht so, dass wir uns dauernd an der unteren Grenze herumbewegen, d.h. das tun, was noch gerade angängig ist, und dass wir immer wieder Weiheformeln herunterbeten – und meinen, das genüge schon, anstatt uns bewusst zu sein, dass es hier um Tod und Leben geht – und gerade das sagt uns unverblümt Marienfried. «Stellt euch restlos zu meiner Verfügung... Bringt mir viele Opfer... Meinen Kindern will ich Kreuze aufladen,

12'000 Pilger lauschten am 30. Jahrestag von Marienfried, der historischen Predigt von Bischof Dr. Rudolf Graber.

schwer und tief wie das Meer... Ich bitte euch, seid bereit zum Kreuztragen...»

Das klingt ganz anders, als man uns heute vormacht. Wird heute nicht ein Christentum zu herabgesetzten Preisen, gleichsam zum Ausverkauf verkündet? Alles wird leicht gemacht. Das Sonntagsgebot wird von vielen bagatellisiert. Die persönliche Beichte wird durch eine Bußandacht oder eine Generalabsolution ersetzt, das Freitagsgebot ist praktisch aufgehoben. Mit grimmiger Ironie hat Hans Urs von Balthasar diesen heutigen Zustand der Christenheit geschildert: Wir sollten ja nicht meinen, man könne, «wenn schon die Schlachtrosse der heiligen Inquisition, des heiligen Offiziums abgeschafft sind, unter Palmenwedeln auf dem sanften Esel der Evolution in das himmlische Jerusalem einreiten». Das steht in dem Büchlein «Cordula oder der Ernstfall». Und diesen Ernstfall behandelt Marienfried.

«Ein schreckensvolles Wehe verkündet der Vater denen, die sich seinem Willen nicht unterwerfen wollen.» Dieses Büchlein «Cordula» bringt am Schluss ein fingiertes Gespräch zwischen einem Genossen Kommunisten und einem Christen, der dem Kommunisten einzureden sucht, dass ja auch wir für die Weltrevolution, für Freiheit, Gleichheit und Brüderlichkeit sind und der dann das Wort zu hören bekommt: «Euer Christentum ist keinen Schuss Pulver wert... Ihr habt euch selber liquidiert und erspart uns damit die Verfolgung. Abtreten.»

Marienfried ist demgegenüber die Mobilmachung zu Opfer und Kreuz. Da wird nicht herumgeredet und alles verharmlost durch einen aufklärerischen Absud, in dem nur mehr ein paar Glaubenswahrheiten noch herumschwimmen, sondern es wird verlangt und gefordert:

«Die Apostel und Priester sollen sich mir alle besonders weihen, damit die großen Opfer, die der Unerforschliche gerade von ihnen fordert, zunehmen an Heiligkeit und Wert, wenn sie in meine Hände gelegt werden. Es geht heute nur darum, dass dem Ewigen Ehre und Sühne werde.»

Damit stehen wir vor einem letzten Gedanken, der den eben gesagten Satz weiterführt. Wer tritt heute für Ehre und Sühne dem ewigen Gott gegenüber ein, es geht heute doch fast nur um den Menschen. Selbst der Gottesdienst wird zum Menschendienst. Man muss am Anfang schon die Anwesenden begrüßen und am Schluss ihnen einen schönen Sonntag wünschen. In der Eucharistie wird Christus den Menschen untergeordnet. Wo ist die Anbetung hingekommen, die erste Pflicht, die uns Gott gegenüber obliegt? Der Mensch steht im Mittelpunkt, nicht Gott. Marienfried ist Rückkehr zur Theozentrik. «Opfert euch selbst und euer Tun durch mich dem Vater auf... Wenn ihr euch restlos dafür einsetzt, will ich für alles andere sorgen.» Wie sagte Christus: «Suchet zuerst das Reich Gottes und seine Gerechtigkeit und alles übrige wird euch gegeben werden.» Ist nicht auch dies eine merkwürdige Übereinstimmung?

Aber fehlen uns nicht die Kräfte, um diese geforderten Opfer zur Sühne und Ehre Gottes zu bringen? Hier schlägt Marienfried etwas vor, was in die Mystik führt, nämlich die Auswechslung der Herzen: «Überall, wo die Menschen nicht auf mein Unbeflecktes Herz vertrauen, hat der Teufel Macht, wo aber die Menschen an die Stelle ihrer sündigen Herzen mein Unbeflecktes Herz setzen, hat er keine Macht... Setzt an die Stelle eurer sündigen Herzen mein Unbeflecktes Herz, dann werde ich es sein, die die Kraft Gottes anzieht, und die Liebe des Vaters wird Christus neu in euch zur Vollendung bilden.»

Sind das nicht wunderbare Worte? Die Mystik führt nicht weniger als 38 Namen auf, bei denen eine solche sogenannte Auswechslung der Herzen erfolgte. Hier bewegt sich die Weisung auf geistigem Gebiet. Das Denken, Fühlen, Handeln und Leiden Mariens soll so sehr in uns Eingang finden, dass wir befähigt werden, Christus in uns zur Vollendung zu bringen. Wir fühlen unwillkürlich, dass wir hier an Geheimnisse rühren, die uns eigentlich erst zeigen, was Christentum in Wirklichkeit ist.

Dieser Gedanke taucht bei einem Heiligen auf, den man als den größten Marienverehrer der Neuzeit bezeichnet hat, den hl. Ludwig Maria Grignion von Montfort. Er taucht übrigens noch unter einem anderen Gesichtspunkt in Marienfried auf. Wenn es da heisst: «Christus ist deshalb so unbekannt, weil ich (Maria) nicht bekannt bin», so hat schon rund 250 Jahre vorher Grignion geschrieben: «Soll also nach Gottes sicherem Ratschluss Jesus Christus in der Welt bekannt werden und herrschen, dann kann dies nur geschehen, wenn zuvor auch Maria bekannt wird und ihr Reich sich ausbreitet.»

Wenn man heute lange Untersuchungen anstellt über den Rückgang des Kirchenbesuches und den Verfall des religiösen Lebens, dann ist für uns Marienverehrer der Grund klar und einsichtig. Der Abschied von Maria hat zwangsläufig auch die Distanzierung von Christus zur Folge. Darüber sollte es überhaupt keine Diskussion mehr geben.

Schwere Opfer und Kreuze werden uns in Aussicht gestellt. Das klingt nicht gerade nach einem Evangelium, nach einer Frohbotschaft. Sicherlich. Aber ein Wort dürfen wir dann doch nicht übersehen. Immer taucht das Wort Vertrauen auf: «Dort, wo das meiste Vertrauen ist... werde ich den Frieden verbreiten... Habt restlos Vertrauen auf mein Unbeflecktes Herz. Glaubt, dass ich beim Sohn alles kann...» Das Vertrauen wird belohnt.

In Fatima sprach Maria: «Am Ende wird mein Unbeflecktes Herz triumphieren» und hier hieß es: «Wenn alle Menschen an meine Macht glauben, wird Friede sein... Euer Beten und Opfern wird das Bild des Tieres zertrümmern. Das mir geweihte Opfer wird mir die Macht geben, das Reich des Friedenskönigs zu schaffen.»

Ich besitze einen Brief der Lucia von Fatima, der letzten noch lebenden Seherin. Lucia hatte diesen Brief am 19. März 1940 dem Bamberger Professor Dr. Ludwig Fischer geschrieben, der Fatima in Deutschland erst bekannt gemacht hatte. Dieser Brief schließt mit den Worten, die ins Deutsche übersetzt so lauten: «In meinem armen Gebet vergesse ich Deutschland nicht. Es wird noch zur Herde des Herrn zurückkehren.

Dieser Augenblick nähert sich sehr, sehr langsam, doch er wird zum Schluss kommen. Und die heiligsten Herzen Jesu und Mariens werden dort mit vollem Glanze herrschen.» Merkwürdige Worte. Sind sie eine Weissagung? Ich weiss es nicht. Hier ist nun der Ort, wo ich das Thema dieser Predigt erwähnen muss: Die Zeit Mariens ist im Kommen. Sie ist im Kommen, auch bei unseren evangelischen Freunden. Der evangelische Pfarrer Richard Baumann hat zwei Bücher geschrieben: «Marias Stunde kommt» und «Mit Maria in die Zukunft». «Auf dass dein Reich komme, Herr, lass das Reich Mariens kommen», sagt Grignion.

Alles, was wir bisher hörten, hat uns in dem Gedanken bestärkt, dass Marienfried nicht nur nichts enthält, was gegen die Offenbarung Gottes ist, sondern dass es sich in die marianische Tradition der Kirche einfügt und wertvollste Einblicke in unsere Situation gibt. Dazu kommt ein Letztes. Immer wieder müssen wir uns mit dem Vorwurf auseinandersetzen, dass die Marienverehrung den Blick auf Christus versperre und dadurch ein Hindernis sei für unsere ökumenischen Bestrebungen. Marienfried vertritt demgegenüber geradezu die klassische Theologie; denn alles drängt auf den Dreifaltigen Gott. Immer wieder begegnen uns die Worte: «Der Ewige, der Allmächtige, der Dreieinige, der Unerforschliche, der Wille des himmlischen Vaters, die Liebe des Vaters, der lebendige Gott.» Und den Abschluss bildet das unsagbar schöne und tiefe Preisgebet zum Dreifaltigen Gott, das seinesgleichen in der Geschichte der Mystik sucht. Es ist ein Echo jenes apokalyptischen Gesanges, den die große Schar, die niemand zu zählen vermag, mit den Engeln und den Ältesten, niedergeworfen vor dem Thron, betet: «Heil unserem Gott, der auf dem Throne sitzt und dem Lamm... Lob und Herrlichkeit, Weisheit und Dank, Ehre, Macht und Stärke unserem Gott in alle Ewigkeit.»

Marienfried gibt diesem Preisgesang den marianischen Akzent. Maria steht hier für uns. Sie bringt dem «ewigen Herrscher, dem geopferten Gottmenschen, dem Geist des Ewigen, allzeit Heiligkeit Strömenden, Anbetung, Lobpreis, Ehre, Sühne und Preis, Herrlichkeit dar». Und diese Klänge der Ewigkeit, die hier vor dreissig Jahren ertönten, umgeben uns unhörbar bei der Wandlung. Aber einmal werden auch wir einstimmen dürfen in diesen marianischen Lobgesang des Dreifaltigen Gottes.

Am Großen Gebetstag 1977 hielt Prof. Dr. Ferdinand Holböck aus Salzburg das Pontifikalamt und die Festpredigt.

Und wir in Deutschland?

Der folgende Beitrag von Bischof Graber stammt aus dem Buch «Marienerscheinungen», Echter-Verlag, 1984.

Es bedrückt uns zutiefst, dass wir bisher keine Erscheinung Mariens bei uns in Deutschland nennen konnten. Es gibt verschiedene Ursachen dafür. Eine davon ist die Reformation. Kein Geringerer als der evangelische Kirchenhistoriker Ernst Benz hat das in seinem großen Werk «Die Erfahrungsformen und Bilderwelt» (Stuttgart 1969) so dargestellt: «Innerhalb des Protestantismus sind die Visionäre von den Anfangsjahren der Reformation an schlecht weggekommen. Die Bewertung der Heiligen Schrift als der einzigen, für alle Zukunft ausreichenden Quelle der göttlichen Offenbarung hat von vornherein alle auch im Bereich des reformatorischen Christentums auftretenden Visionäre als Schwärmer abgestempelt, die den Versuch unternahmen, die im göttlichen Wort vorliegende, definitiv abgeschlossene göttliche Offenbarung durch neue zu ergänzen. So sind im Bereich des Protestantismus die Visionäre immer mit besonderem Nachdruck abgewertet worden; wo sie sich Beachtung erzwangen, wurden sie bekämpft, aber nicht studiert.» Das hat auch auf uns abgefärbt. Man schließt dies schon daraus, dass auch bei uns die Antwort auf irgendeine Erscheinung mit dem Hinweis lautet: Die Offenbarung ist mit dem Tod des letzten Apostels abgeschlossen. Es gibt keine neuen Offenbarungen. Dazu kommt, dass wir durch die Periode des Kritizismus in viel stärkerem Maß hindurchgegangen sind als die rein katholischen Länder. Auch das klingt an in den Worten des oben genannten Ernst Benz: «Allgemein lässt sich seit dem 17. Jahrhundert eine progressive Abwertung der Visionäre und Visionen auch im Bereich des römischen Katholizismus feststellen.»

Diese zwei Gründe mögen genügen. Sie erklären, warum bei uns gewisse Marienerscheinungen nicht zur vollen Entfaltung gekommen, sondern im Trüben und im Dunklen steckengeblieben sind. Dies gilt vor allem für die drei zur Zeit des Kulturkampfes erfolgten «Erscheinungen» Mariens im Westen, Süden und Osten Deutschlands, nämlich Marpingen (Saargebiet) 1876 (der Pfarrer wurde verhaftet, der Erscheinungsort militärisch besetzt); In Dietrichswalde (Diözese Ermland) 1877 und in Mettenbuch (Diözese Regensburg) ebenfalls 1877. Es ist nicht von der Hand zu weisen, dass die Gottesmutter uns in dieser bedrängten Zeit zu Hilfe kommen wollte, ganz abgesehen davon, dass um diese Zeit der Marxismus sich auszubreiten begann. Ähnlich mag es mit den «Erscheinungen» Mariens in Heede (Emsland) 1937 gewesen sein, also in der Zeit des Nationalsozialismus. Das alles zeigt uns, dass bei den Beurteilungen stets auch die jeweiligen Zeitverhältnisse berücksichtigt werden müssen, auch wenn in der Erscheinung selbst darauf nicht Bezug genommen wird. Eine eigene Darstellung verdient jedoch Marienfried in Pfaffenhofen bei Neu-Ulm 1946 nicht nur, weil die Botschaft von ausserordentlicher Ausdruckskraft ist, sondern weil sie mit einem Engelshymnus auf die Allerheiligste Dreifaltigkeit schließt, ein Hymnus von solcher Schönheit, dass man in der Geschichte der Mystik etwas Ähnliches suchen muss. Nochmals betonen wir, dass wir die Übernatürlichkeit der Erscheinung beiseite lassen und uns ganz auf den Text der Botschaft einstellen. Es handelt sich um drei Erscheinungen der Gottesmutter, die in etwa das zusammenfassen, was in früheren Erscheinungen gesagt wurde. Schon die erste Erscheinung vom 25. April 1946 ist bezeichnend. Es geht um den Frieden – wie wichtig für heute! Maria will ihn uns schenken. Sie nennt sich «das Zeichen des lebendigen Gottes». Nun folgt ein Hinweis auf die Geheime Offenbarung. In der Apokalypse steigt ein Engel vom Sonnenaufgang auf «mit dem Siegel des lebendigen Gottes (7,3), der seinerseits die Knechte unseres Gottes auf der Stirn bezeichnen soll, damit sie nicht Schaden nehmen» (9,4). Nun ist Maria selbst «das Zeichen des lebendigen Gottes». Das Folgende deutet wieder auf die Apokalypse. Johannes sieht «einen Stern vom Himmel fallen, dem der Schlüssel zum Schacht des Abgrundes gegeben wird». In Marienfried steht dem Zeichen des lebendigen Gottes der «Stern» gegenüber, der das Zeichen verfolgen wird; aber «mein Zeichen», sagt Maria, «wird den Stern besiegen». Erinnert dieses Wort nicht an die Paradiesesweissagung, wonach der Schlange der Kopf zertreten wird?

Bei der zweiten Erscheinung vom 25. Mai 1946 nennt sich Maria die Große Gnadenvermittlerin» und spricht dann ein Wort, das wir im Hinblick auf die Weltweihe vom 25. März 1948 doch sehr ernst nehmen sollten. Wir kommen noch darauf zurück. Dann folgt ein Blick auf die heutige Welt, die «den göttlichen Zornesbecher bis zur Neige trinken muss», dann die Mahnung: «Opfert euch selbst und euer Tun durch mich dem Vater auf. Betet den Rosenkranz»! Und schließlich der tröstliche Ausgang wie in Fatima: «Dann wird Christus als Friedenskönig über alle Völker herrschen.» Unsere Zeit der Glaubensverwirrung ist treffend gekennzeichnet: «Der Teufel wird solche Macht nach aussen bekommen, dass alle, die nicht fest in mir gegründet sind, sich täuschen lassen... Der Teufel wird die Menschen so blenden, dass er auch die Besten zu täuschen und auf seine Seite zu ziehen versteht.» Diesen erschreckenden Worten steht aber eine tiefe mystische Einsicht gegenüber, die Auswechslung der Herzen: «Wo die Menschen anstelle ihrer sündigen Herzen mein unbeflecktes Herz setzen, hat der Teufel keine Macht.» Die dritte Erscheinung vom 25. Juni 1946 nimmt alle diese Gedanken in Form von eindringlichen Mahnungen zu Gebet und Opfer erneut auf, und wenn Maria am Schluss erklärt, dass dies ihre Botschaft an die Welt sei, von der man die Menschen unterrichten muss, so ist damit auf die Erscheinung Mariens in der Rue du Bac zu Paris zurückgegriffen, wo die Erdkugel ja auch ein Hinweis auf die ganze Welt ist. Was diese Erscheinungen besonders auszeichnet, sind die markanten Worte und überhaupt die hoheitsvolle Gestalt der Gottesmutter. Aber damit ist ja noch nicht alles gesagt. Den Abschluss bildet der Preisgesang der Engel an den Dreieinigen Gott, der von einer unvergleichlichen Schönheit und sprachlich-theologischen Tiefe ist. Dieses Kapitel, das Deutschland betrifft, soll abgeschlossen werden mit einer kurzen Bemerkung über Fatima und Deutschland. Diese Beziehungen erfolgen weniger direkt als vielmehr indirekt, nämlich über Russland. Es ist geschichtlich nicht richtig, Russland allein für den Kommunismus verantwortlich zu machen. Das Kommunistische Manifest von 1848 ist im Westen entstanden als grundlegendes Dokument des Sozialismus wie des Kommunismus, als politische Flugschrift im Auftrag des Bundes der Kommunisten in London von Karl Marx und Friedrich Engels verfasst, und hat von hier aus seinen

Siegeszug angetreten. Es hätte sich jedoch nicht in Russland durchsetzen können, wenn nicht im Fatimajahr 1917 sich etwas anderes ereignet hätte. Die deutsche Reichsregierung wollte 1917 unter allen Umständen den Frieden durch eine Entlastung der Ostfront erzwingen. Zu diesem Zweck sollten die revolutionären Bestrebungen in Russland verstärkt werden, und zwar dadurch, dass die bolschewistischen Führer unter Lenin aus der Schweiz, wo sie sich aufhielten, insgeheim durch Deutschland nach Schweden gebracht würden, von wo aus sie dann in ihre russische Heimat einreisen konnten. Der Plan, der keineswegs eine allseitige Zustimmung fand, war klug ausgedacht, aber bar jeder moralischen Ausrichtung. Es kann also nicht in Abrede gestellt werden, dass Deutschland mitschuldig ist an der bolschewistischen Revolution im Oktober/November 1917. Und nun überlege man einmal die Zeitdaten. Am 4. April 1917 erfolgt die Reise der russischen Revolutionäre in einem plombierten Sonderwagen durch Deutschland. Am 16. April erreichen sie bereits Petrograd, und vom 25. Oktober bis 7. November ergreifen die Bolschewiki die Macht. Zwischen diesen beiden Terminen erfolgen vom 13. Mai bis 13. Oktober die Erscheinungen Mariens in Fatima. Das ist kein Zufall. Will der Himmel damit nicht zeigen, dass er gegen die antichristliche Macht im Osten eine Gegenmacht im äussersten Westen aufbaut, Maria in Fatima, aber nicht um Moskau zu vernichten, sondern um es zur Bekehrung zu führen wenn, ja wenn die Menschheit das tut, was Maria verlangt. Davon sind in erster Linie wir betroffen, denn bei uns sind die Entscheidungen gefallen, und wir hätten allen Grund, auf das einzugehen, was Maria in Fatima gefordert hat. *Bischof Dr. Rudolf Graber*

Prof. Dr. Ferdinand Holböck, der am großen Gebetstag 1977 die Festansprache hielt.

Geistlicher Rat Otto Portenlänger (1901–1980), Pfarrer in Offingen; langj. geistl. Berater von Bärbl.

Johannes Maria Höcht, der sich als Publizist wiederholt und sehr engagiert für Marienfried einsetzte.

Papst Pius XII., der Bärbl im Petersdom mitten in der Pilgergruppe persönlich ansprach.

Martin Humpf, der Pfarrer von Marienfried

Von Arnold Guillet, Verleger

Während des Zweiten Weltkriegs machten die Bürger von Pfaffenhofen an der Roth südlich von Neu-Ulm das Gelübde, nach dem Krieg eine Marienkapelle zu bauen, wenn ihr Dorf von Fliegerbomben verschont bliebe. Im Jahre 1946 hatte ein Mädchen der Pfarrei, Bärbl Ruess, dreimal eine Erscheinung der Muttergottes im Wald an jener Stelle, wo diese Kapelle gebaut werden sollte. Hier einige Kernsätze aus der Botschaft der Muttergottes:

«Ich bin das Zeichen des lebendigen Gottes. Ich drücke mein Zeichen meinen Kindern auf die Stirn. Der Stern wird mein Zeichen verfolgen. Mein Zeichen aber wird den Stern besiegen. Der Friede Christi sei mit euch und mit allen, die hier beten. ... Die Welt muss den Zornesbecher bis zur Neige trinken wegen der unzähligen Sünden, wodurch sein Herz beleidigt wird. Der Stern des Abgrunds wird wütender toben denn je und furchtbare Verwüstungen anrichten, weil er weiss, das seine Zeit kurz ist, und weil er sieht, dass sich schon viele um mein Zeichen geschart haben. Über diese hat er keine Macht, wenn er auch den Leib vieler töten wird. ... Erwartet auch keine Zeichen und Wunder! Ich will im Verborgenen wirken als die große Gnadenvermittlerin. ... Der Teufel wird nach aussen solche Macht bekommen, dass alle, die nicht fest in mir gegründet sind, sich täuschen lassen.»

Das war eine unerhörte Botschaft. Martin Humpf und seine Schwester Anna, die bei diesen Erscheinungen zugegen waren, die Muttergottes aber nicht sahen, haben immer an die Echtheit geglaubt. Die versprochene Kapelle wurde an der Stelle der Marienerscheinungen gebaut. Marienfried entwickelte sich zu einer eigentlichen Marienwallfahrtsstätte.

Die kirchliche Behörde in Augsburg verhielt sich allerdings sehr zurückhaltend; man ließ den Ort als marianische Gebetsstätte gelten, aber man verbot dem Pfarrer, über den Inhalt der eigentlichen Botschaft zu predigen.

Dass Pfarrer Humpf sich wider besseres Wissen all die Jahre an das Gebot des Bischofs gehalten hat, war ein heroisches Opfer. Was er und die Seinen innerlich gelitten haben, kann man nur erahnen.

Martin Humpf wurde am 9. September 1907 in Zipplingen (Kreis Aalen) geboren. Er hatte tiefgläubige Eltern und liebe Geschwister, besonders seine jüngere Schwester Anna. Oft durfte er mit seinen Eltern einen Marienwallfahrtsort besuchen, Maria Brünnlein in Wemding, einige Kilometer östlich von Nördlingen. Stille Wasser gründen tief. In Maria Brünnlein hat ihm seine Mutter eine tiefe Liebe zu Jesus und Maria eingepflanzt. Eigentlich wollte er Maurer werden, aber sein Vater gab ihm den Anstoß, Theologie zu studieren. In Dillingen besuchte er das Gymnasium und anschließend das Priesterseminar. Dort hatte er Josef Stimpfle als Mitschüler, seinen späteren Bischof und Vorgesetzten in Augsburg. Schon seine Primiz war überschattet, denn die Nazis untersagten die übliche große Primizfeier im Freien, weil Vater und Sohn im Widerstand gegen das Hitlerregime aktiv waren. Sein Primizspruch war: «Herr, in der Einfalt meines Herzens habe ich freudig alles dargebracht.» Martin Humpf wurde von Bischof Dr. Josef Kumpfmüller in der Jesuitenstudierkirche zu Dillingen am 29. Juni

1935, am Fest Peter und Paul, zum Priester geweiht und übernahm 1943 die Pfarrei Pfaffenhofen. Im Jahre 1995 durfte er sein 60. Priesterjubiläum feiern: 33 Jahre lang war er Pfarrer von Pfaffenhofen, 20 Jahre Seelsorger von Marienfried. Seine letzten Lebensjahre im Rollstuhl und im Krankenbett waren ein schwerer Leidensweg, besonders die letzten sechs Wochen vor seinem Tod. Martin Humpf ertrug auch diese Prüfung in fröhlicher Verfassung, weil er um das Anliegen Mariens wusste («Meinen Kindern will ich Kreuze aufladen, schwer und tief wie das Meer...»).

Während fast vierzig Jahren hat Martin Humpf seine ganze Kraft dem Aufbau von Marienfried gewidmet. Täglich brachte er das Heilige Messopfer dar, verbrachte viele Stunden im Beichtstuhl, machte den Menschen wieder Mut und erteilte ihnen im Namen Christi die Vergebung ihrer Sünden. Martin Humpf, der ja zuerst Maurer werden wollte, war manuell begabt und man sah ihn fast jeden Tag im «blauen Anton», dem Übergewand, in Haus und Garten selbst Hand anlegen. Wenn er auf einer hohen Leiter stand oder sonstwie eine gefährliche Arbeit ausführte, pflegte er in seiner Bescheidenheit zu sagen: «Um mich ist es überhaupt nicht schad.» Die Lourdes- und die Fatima-Grotte im Wald hat er zusammen mit freiwilligen Helfern selbst erstellt. Auch der Bau der Wallfahrtskirche und des Marienfriedhauses haben ihn stark gefordert.

Pfarrer Martin Humpf hielt sich bei seiner priesterlichen Tätigkeit an die benediktinische Grundregel «Dem Gottesdienst ist nichts vorzuziehen». Mit besonderer Andacht und Würde brachte er täglich das Heilige Messopfer dar.

Geistlicher Rat Martin Humpf, der 33 Jahre Pfarrer in Pfaffenhofen und 20 Jahre in Marienfried war, der vertraute Seelenführer von Bärbl bis 1952.

Gerne pflegte er auch den Gregorianischen Choral, besonders seine Lieblingsmesse «Missa de angelis». Wer sich ein persönliches Andenken an Pfarrer Martin Humpf beschaffen und gerne seine Stimme wieder hören möchte, kann sich beim WETO-Verlag in Meersburg die Kassette Nr. 7724: «Auferstehungsmesse – Missa de angelis – mit Pfarrer Martin Humpf von Marienfried» beschaffen.

Am 13. Oktober 1996, dem Fatima-Tag – Pfarrer Humpf hatte zweimal den früheren und einmal den späteren Bischof von Fatima in Marienfried zu Gast –, durfte er seine Seele durch die Hände Mariens seinem himmlischen Vater übergeben. Unzählige Pilger haben ihn kennengelernt und sind überzeugt, dass er ein heiligmäßiges Leben geführt hat. Pfarrer Humpf ist neben der Seherin Bärbl und seiner Schwester Anna der Hauptzeuge Marienfrieds.

Wie soll es nun weitergehen? Am 21. Juli 1996 gab Viktor Josef Dammertz, Bischof von Augsburg, beim feierlichen Jubiläumsgottesdienst in Marienfried «50 Jahre Marienfried» folgende Erklärung zum Stand der Untersuchungen über die Ereignisse in Marienfried im Frühjahr 1946 ab:

«Sie werden Verständnis dafür haben, dass mir die Gründlichkeit der Untersuchungen wichtiger ist als das Tempo, mit dem sie durchgeführt werden. Wenn die Kommission ihre Untersuchungen abgeschlossen hat, wird sie mir das Ergebnis vorlegen, damit ich mir nach einem gründlichen Studium der Akten mein eigenes Urteil bilden kann. Sie dürfen davon ausgehen, dass ich mein Urteil, bevor ich es bekanntgebe, der zuständigen Stelle des Heiligen Stuhls zur Begutachtung vorlegen

Von links: Bärbl; Victoria Humpf, die Mutter von Martin und Anna; Anna Humpf.

Pilgergottesdienst vor der Marienfriedkapelle am 1. Mai 1971.

werde. Das alles braucht seine Zeit; ich muss Sie also weiterhin um viel Geduld bitten. Mehr noch aber bitte ich Sie um Ihr Gebet, dass der Heilige Geist alle, die mit dieser Untersuchung befasst sind, ‹in die ganze Wahrheit einführe› (Joh 16,13).»

Pfarrer Martin Humpf hatte am 25. November 1974 in seinem Testament ausgeführt: «An dem Ort, für den ich alles eingesetzt habe, meine gläubige Überzeugung an die Nähe der Gottesmutter, meine Lebenskraft, die Glut meines Herzens im Verein mit so vielen Gleichgesinnten, möchte ich begraben sein. Der Aufwand bei meinem Begräbnis soll so bescheiden wie möglich sein. Nicht mehr als drei Kränze. Ich will alles – wie im Leben, so auch im Tod – für das Reich Gottes einsetzen. Möge die Gottesmutter Marienfried selbst bestätigen, möge es wachsen und blühen und vielen geistliche Heimat werden.»

Im Jahr 1996 waren 50 Jahre seit den Marienerscheinungen vergangen. Bischof Dammertz von Augsburg hatte 1993 eine Kommission eingesetzt, welche die Echtheit der Erscheinungen prüfen soll. Viele hatten gehofft, dass die Untersuchungen im Jubiläumsjahr 1996 abgeschlossen würden.

Martin Humpf hatte eine Vision über die Zukunft von Marienfried. Geistlicher Rat Georg Birkle, der Diözesanpräses der Schönstatt-Familie des Bistums Augsburg, hat in seinem Nachruf beim Begräbnisgottesdienst diese Vision wie folgt umschrieben:

«Im Alter erfuhr David, dass nicht er, sondern sein Sohn und Nachfolger Salomon den Tempel bauen dürfe. Aber mit dieser Vision vom großen Haus Gottes, vom heiligen Tempel, zu dem alle Völker strömen werden, um

Bärbl Ruess bei einem Gottesdienst in Marienfried.
In der Mitte Pfarrer Martin Humpf.

die Nähe und Liebe Gottes zu erfahren, starb er. David zählt auf, was er für den Tempelbau bereitgestellt hat: Gold und Silber, Alabaster und Edelsteine in Mengen, edle Hölzer und Marmor, dazu seinen ganzen persönlichen Besitz. Das trieb die Fürsten an, es ihrem König gleichzutun und den Tempelbau zu ihrem eigenen Anliegen zu machen. David aber war klar, für den Tempelbau braucht man mehr als ein schönes Gelände, einen guten Architekten und wertvolle Baustoffe. Um Gott ein Haus zu bauen, braucht man lebendige Steine, glühende Herzen. Haus Gottes sind die gläubigen Menschen, die bereit sind, lebendiges Heiligtum des Dreifaltigen Gottes zu sein. Seit der Taufe ist uns dieser Kirchbau aufgetragen. Das Gebet des Königs David nennt die vier Bauelemente: (1) Einfalt – Kindlichkeit, (2) mehr Herz – mehr Liebe, (3) Freude – Frohe Botschaft und (4) Ganzhingabe. Ein halbes Opfer blutet, ein ganzes Opfer flammt.

Seit seiner Primiz stand das als großes Programm über dem priesterlichen Leben von Martin Humpf.

Christen, wo immer sie stehen mögen, brauchen Visionen. Die Vision unseres lieben Martin war der große Marienfried-Dom, zu dem aus aller Welt gläubige Pilger strömen, um aus den reichen Quellen des Gnadenangebotes dieses Ortes zu schöpfen. Reich, weil die Gnadenkapelle verbunden ist mit allen Schönstattheiligtümern in der ganzen Welt, reich auch wegen der Botschaft von Marienfried, die eine heillose und entgöttlichte Welt durch Maria zum Dreifaltigen Gott zurückführen möchte und dadurch die Grundlage für einen dauerhaften Frieden schaffen kann. Diese Vision soll zum Ausdruck kommen durch eine Wallfahrts- und Anbetungskirche. Martin hoffte immer, dass er die Verwirklichung dieser Idee

Pfarrer Martin Humpf und Bärbl.

*P. Franz Bezler predigt vor dem Portal der Marienfriedkapelle.
Rechts Pfarrer Martin Humpf mit zwei Ministranten.*

noch erleben werde. Nun ging es ihm wie Moses, der das Heilige Land nur von der Ferne erblicken, oder wie David, der selber den Tempel nicht bauen durfte. Aber alles hat er mit frohem Herzen dafür gegeben, oder sagen wir besser: geopfert.»

Es ist gut, dass sich die Kirche bei der Prüfung übernatürlicher Erscheinungen reichlich Zeit lässt. In La Salette vergingen etliche Jahre bis zur kirchlichen Anerkennung; In Lourdes und Fatima hingegen wurde die kirchliche Untersuchung sofort in Angriff genommen. Aber was wird die Mutter Gottes denken, wenn sie fünfzig und mehr Jahre warten muss, bis ihre Kinder erkennen, dass sie, die Mutter, zu ihnen gesprochen hat?

Könnte es sein, dass bei allzuviel Gründlichkeit das Herz überhört wird? Unzählige fromme Pilger, aber auch namhafte Persönlichkeiten wie die Seherin Bärbl, Pfarrer Humpf und seine Schwester Anna; der bekannte Experte für Mystik, der Jesuitenpater Max Schmid S. J., Bischof Graber und viele andere sind zutiefst überzeugt, dass es die allerseligste Jungfrau war, die in Marienfried gesprochen hat. Natürlich kann man die Muttergottes auch ignorieren und abweisen. Sie drängt sich nicht auf, aber wenn sie geht, nimmt sie etwas mit, nämlich das Kind auf ihrem Arm.

Arnold Guillet

Nachwort

Von Arnold Guillet, Verleger

Ich halte Marienfried für echt, weil das, was Maria über den Teufel und seinen wachsenden Einfluss gesagt hat («Der Teufel wird nach aussen eine solche Macht erhalten...»), buchstäblich in Erfüllung gegangen ist und Bärbl es bei ihrer Entführung auf schreckliche Weise am eigenen Leib erfahren musste. Gott ließ es zu, dass Bärbl, die damals noch stigmatisiert war, von Satanisten entführt, entkleidet, misshandelt und Zeugin eines diabolischen Hostienfrevels wurde. Bischof Graber hat in seiner berühmten Predigt bereits als Exeget dazu Stellung genommen. Seit dieser Predigt sind zwanzig Jahre vergangen und wir können die prophetischen Worte Mariens bereits durch eine unheimliche Zahlenbilanz belegen.

Es genügt, wenn ich nachstehend einige Abschnitte aus dem Kapitel «Teuflische Manifestationen im weltlichen Bereich» von Univ.-Prof. Dr. Joseph Schumacher, veröffentlicht im Buch von Univ.-Prof. Dr. Elisabeth Becker «Der Exorzismus der Kirche unter Beschuss» (Christiana 1995) zitiere:

«Angesichts der Leugnung von Teufeln und Dämonen bei den Christen und angesichts des schwindenden Einflusses des Christentums in der Öffentlichkeit entsteht in der Hinwendung zum Satanismus so etwas wie eine religiöse Gegenkultur. Nicht zu Unrecht hat man ihn als die Weltanschauung des Wahnsinns bezeichnet. Obwohl die Medien immer wieder vom Satanismus berichten und eine wachsende Zahl von Publikationen sich mit ihm beschäftigt, weiss man im Alltag wenig von ihm, verschließen viele die Augen vor ihm. Nach Einschätzung der Evangelischen Zentralstelle für Weltanschauungsfragen treffen sich bei uns mehr als 10'000 Jugendliche regelmäßig zu Schwarzen Messen, ist der Satanskult bereits so etwas wie eine verbreitete Jugend-Droge geworden. Stärker noch floriert er in den Ländern Lateinamerikas. Aber nicht nur junge Menschen werden vom Satanismus gefesselt...

Der Satanismus arbeitet mit der Verächtlichmachung der Religion und der Gottesverehrung, mit Sex und Gewalt sowie mit der Ritualisierung des Kriminellen. Fasziniert vom Bösen, bringt man ihm kultische Verehrung entgegen. Bei den Zusammenkünften der Satanisten gibt es sexuell-orgiastische Praktiken, Tieropfer, Kindesmisshandlungen und Blutorgien bis hin zu Menschenschlachtungen.

Ein Opfer solcher Menschenschlachtungen war am 9. August des Jahres 1969 die schwangere Frau des Filmproduzenten Roman Polanski, Sharon Tate. Im Mai des Jahres 1986 ließ ein Ritualmord unter Jugendlichen im westfälischen Lüdinghausen aufhorchen, bei dem ein Siebzehnjähriger und eine Sechzehnjährige einer Fünfzehnjährigen die Pulsadern aufgeschnitten hatten. Sie gehörten einer Gruppe an, die sich «Luzifikaner» nannte. Im Jahre 1971 wurde in New Jersey ein zwanzigjähriger junger Mann angeblich auf eigenen Wunsch hin ertränkt, weil er durch einen gewaltsamen Tod Befehlshaber über 40 Legionen Dämonen werden wollte. Im April des Jahres 1989 ging der Fall «Matamoros» durch die Presse. Matamoros ist der Name eines Ortes an der mexikanisch-texanischen Grenze, an dem man damals 15 Leichen ausgegraben hatte. Ein texanischer Drogenring hatte

15 meist junge Menschen dem Satan geopfert, um vor dem Zugriff der Polizei bewahrt zu bleiben. Die Grausamkeit, mit der diese Morde durchgeführt, geradezu «zelebriert» worden waren, ist unbeschreiblich.

Seit eh und je gehört zum Teufelskult auch ein Vandalismus gegenüber heiligen Zeichen. Man zerstört Feldkreuze, vor allem in der Karfreitagsnacht, zerstückelt die bildlichen Darstellungen Christi und schändet die Eucharistie. Vor einigen Jahren wurde in Kalifornien die erste Satanskirche eröffnet. Der Gründer dieser Institution, Anton La Vey, hat eine Schrift verfasst, die man als Satansbibel bezeichnet. Sie soll auf dem Campus einiger amerikanischer Universitäten häufiger verkauft werden als die Heilige Schrift. 1969 wurde sie erstmalig veröffentlicht. 1972 folgte vom selben Verfasser ein Handbuch zur Praxis des Satanismus mit den satanischen Ritualen. In der Satanskirche wird der Teufel allerdings nicht als personales Wesen verstanden, sondern nur als eine Metapher.»

Zu den Echtheitskriterien für Marienfried möchte ich auch jenes Wort Mariens zählen, dass sie nicht spektakuläre Wunder, sondern «im Verborgenen Wunder wirken» wolle. Dabei hat sie ihr Versprechen bereits in Marienfried wahr gemacht. Sie sagte: «Meine Macht kann ich der großen Welt heute noch nicht offenbaren. Ich muss mich mit meinen Kindern zurückziehen. Im Verborgenen will ich Wunder an den Seelen wirken.»

Bei der zweiten Erscheinung gab Maria der Bärbl ein Zeichen, dass sie nicht Opfer einer Täuschung sei, und wie ein solches Wunder im Verborgenen vor sich gehe. Maria sagte zu Bärbl, sie solle auf den Kellerberg gehen, um dort auf einen Mann zu warten, der in großer Not sei. Bärbl traf den Mann und konnte ihn vom geplanten Selbstmord abhalten (siehe Seite 63).

Bärbl hatte einen ganz ausgeprägten Charakterzug; sie wollte auf gar keine Art und Weise irgendwie auffallen oder etwas Besonderes sein. Eines Tages fragte Bärbl ihre Freundin Anna Humpf: «Hast du das auch, dass dich der Engel bei Nacht weckt und zum Beten für Sterbende, Sünder und Arme Seelen mahnt?» «Nein, Bärbl, das hab ich noch nie gehabt.» «Wenn du das nicht hast, dann will ich das auch nicht», begehrte Bärbl auf, «ich will wie jeder andere in gewöhnlicher Weise Gott dienen und bei Nacht schlafen dürfen und nicht immer aufstehen müssen und soviel beten für Leute, die ich gar nicht kenne.»

Nun versteht man auch, warum Bärbl in ihrer scheuen Art Gott auf die Fürsprache des hl. Franziskus bat, ihr die äusseren Stigmata zu nehmen. Für ihr Amt als Seherin war diese Zurückhaltung sicher ein Nachteil, denn sie hatte nicht die Art, die Gabe und die Kraft zum Glaubenszeugnis. An ihrer Aussage, dass sie die Muttergottes gesehen habe, ließ sie allerdings nie einen Zweifel. Andererseits können die Kritiker und Zweifler ihr wenigstens den einen Vorwurf nicht machen, Bärbl sei ehrgeizig gewesen und habe sich nur hervortun und wichtig machen wollen.

Bei Marienerscheinungen spielen die Seher und Seherinnen immer eine wichtige Rolle, weil man aus ihrer Haltung und ihren Lebensumständen auf die Glaubwürdigkeit ihrer Botschaft schließt. Durch die vorliegende Biographie Bärbls erfahren wir erstmals von vielen Fügungen und Hintergründen, die Marienfried in einem neuen Licht erscheinen lassen.

Arnold Guillet

Zeittafel

Lebensdaten von Bärbl Ruess

Geboren am 15. Juni 1924 in Ulm
Erstkommunion 1934 in der Pfarrkirche Pfaffenhofen
Tod der Mutter 1938
Weihe an Maria am 8. Dezember 1938
Wiederverheiratung des Vaters 1939
Erste Begegnung mit der fremden Frau am 13. Mai 1940
Schülerin im Institut der Englischen Fräulein in Günzburg 1937-1941
Reichsarbeitsdienst auf Bauernhöfen und als Straßenbahnschaffnerin in München 1943
Die Verleumdung am 1./2. Februar 1946
Erste Erscheinung der Gottesmutter 25. April 1946
Zweite Erscheinung der Gottesmutter 25. Mai 1946
Dritte Erscheinung der Gottesmutter 25. Juni 1946
Stigmatisation: Beginn in der Fastenzeit am 21.2.1947 sukzessive mit Wundmalen zuerst an den Füßen, dann an der Seite und den Händen; Abschluss im März 1950
Arbeit im Pfarreibüro Pfaffenhofen 1947
Aussprache mit P. Bleienstein, 1. Woche nach Pfingsten 1947
Entführung in der Karwoche 1948
Kurs für Laienkatechese in München 1948
Katechetin in München 1949-1952
Wallfahrt nach Rom und Assisi März 1950
Heirat mit Anton Rehm am 15. August 1952 in Schönstatt
Geburten ihrer fünf Kinder: 1953, 1954, 1956, 1959, 1962
Beginn der Krankheit Multiple Sklerose 1966
Besuch der 2. Untersuchungskomm. in Gaisbeuren, 2-stündiges Gespräch mit Bärbl, 1/2-stündiges mit A. Rehm 1995
Tod von Pfarrer Martin Humpf am 13. Oktober 1996
Bärbls Tod in Gaisbeuren, Gemeinde Reute, 4. November 1996
Beisetzung auf dem Friedhof Reute am 8. November 1996

Benutzte Literatur

Barbet, Jean, Die über alles schöne Frau – Die wahre Geschichte der heiligen Bernadette nach den ersten authentischen Augenzeugenberichten, Stein am Rhein 1992[2]

Eizereif, Heinrich, Das Zeichen des lebendigen Gottes, Christiana-Verlag, Stein am Rhein 1994[2]

Eizereif, Heinrich, Das Zeichen des lebendigen Gottes, Registerband mit 1496 Anmerkungen zum Hauptwerk 1994

Eizereif, Heinrich, Maria in Heede, Weto-Verlag, Meersburg

Die «gute Beth», Schnell & Steiner, München 1986

Gouin, Paul, Mélanie, die Hirtin von La Salette, Christiana-Verlag, Stein am Rhein 1982

Grufik, Franz, Turzovka – Das slowakische Lourdes, Christiana-Verlag, Stein am Rhein 1991[5]

Höcht, Johannes Maria, Die große Botschaft von La Salette, Christiana-Verlag, Stein am Rhein 1996[7]

Höcht, Johannes Maria, Träger der Wundmale – Eine Geschichte der Stigmatisierten, Stein am Rhein 1974[4]

Johannes Paul II., Enzyklika: Die Mutter des Erlösers, Christiana-Verlag, Stein am Rhein 1987

Johnston, Francis, So hat er keinem Volk getan – Das Wunder von Guadalupe, Christiana-Verlag, Stein am Rhein 1991[2]

Kondor, Luis, Jacinta von Fatima, Christiana-Verlag, 1980

Kondor, Luis, Francisco von Fatima, Christiana-Verlag, 1980

Künzli, Josef, Die Erscheinung in Marienfried, Miriam-Verlag, Jestetten 1992[9]

Pauels, Hubert, Maria, Mittlerin aller Gnaden, Christiana-Verlag, Stein am Rhein 1976[2]

Scharf, Georg, Fatima aktuell, Theodor-Schmitz-Verlag, Münster 1992[4]

Schwester Lucia spricht über Fatima, Christiana-Verlag, 1996[6]

WETO-Kassette L-7613, 30 Jahre Marienfried, mit Bischof Dr. Rudolf Graber. Heilige Messe mit der historischen Predigt. Ein Tondokument von großer Wichtigkeit.